現代における宗教批判の克服学

人間と宗教についての思想的探究

金子昭 著

萌書房

はじめに

本書は、人間と宗教についての問題を、より一歩進んで問い深めて行く思想探究的な営みである。

宗教、哲学、思想の書物にはさまざまなスタイルがあるが、それが独創的な書物であればあるほど、註がたくさんついたいわゆる学術論文形式は影を潜め、その思想内容に応じた独創的なスタイルを取る傾向にある。古くはプラトンの対話篇を思い出すだけで十分であろう。この形式は、真理とは対話の中から自ずと見出されるという思想と、表裏を成しているものである。ニーチェは、神の死と超人思想、そして永劫回帰の思想を『ツァラトゥストラはこう語った』という物語の中で展開した。これらの思想は超人ツァラトゥストラの言行に仮託しなければ語れないほど、当時の西欧世界の人々にとっては破天荒な内容であった。モンテーニュの『エセー』やパスカルの『パンセ』は随想ないしアフォリズム形式であるが、この形式は決して体系化されえない、生きた人間の姿やこの世界、また神や宗教的信仰について述べるスタイルである。またヴィトゲンシュタインの『論理哲学論考』は命題集という形を取った著作である。それは、語られうるものを最大限明晰に語るためにはそのような命題的叙述とならざるをえないと、彼が考えたからにほかならない（語ることができないものについては沈黙しなければならないというのは、彼の有名な主張である)。

論述方法に最も手の込んだ形式を取ったのがキルケゴールである。彼は美的・倫理的著作や宗教哲学的著作をそれぞれ異なった偽名で書き、キリスト教的講話を本名で書いた。しかも、これらの偽名と本名との関係は謎めいた重層構造になっており、そうした重層構造から彼の深い思想のポリフォニーを聴き取ることができるだろう。学術と言った時、それは必ずしも狭義の学問だけを指すわけではない。学術とは、むしろ広義には学問と芸術を共に含意する言葉である。このように解するならば、いわゆる学術論文だけが学術ではなく、ときに文芸的なスタイルを取る論述形式の作品もまた学術的な探究であると言ってよい。キルケゴールやニーチェの著作は思想書であるだけでなく、文学作品としても読むことが可能である。さらに言えば、ドストエフスキーの小説やサルトルの戯曲だって、逆に思想書として読むことができるだろう。

さて、本書では、全部で十三の角度から宗教と人間、宗教と社会のありようを照射し、考察を加えていくが、各章の間には連続と飛躍がある。各章の内容に独立性を持たせているので、どの章からも読んでいただける形式にした。そもそも宗教の思想的世界は大道無門であり、どの門から入り、どの道を辿ってもかまわないし、また途中でどんな挫折をしても、どれほど後退をしたとしてもかまわない。真理に向かう道を倦まずたゆまず歩む自覚と努力こそ、何よりも大切なのである。この自覚と努力は宗教的主体性をなすものであり、挫折や後退もまた主体的真理の証しでもある。

本書は、いわゆる学術書としての体裁を保ちつつ、可能な限り平易に論述することを旨とした。この論述方法の内に、右に述べたような広義の学術書の意味合いを見出していただければ幸いである。本書の内容は主として、天理大学おやさと研究所の月刊ニューズレター『グローカル天理』二〇〇九年一月号～二〇一一年十二月号の「今日における宗教批判の克服学」の三年間の連載を元にしているが、大幅な書き換えや順番の入れ替えを行った。このほかにまた、いくつかの媒体に発表してきた考察や新たな論述をもとにして、これらに加筆修正を加えて挿入した部分もある。本書は、宗教者、宗教教団関係者、宗教研究者、宗教学を学ぶ大学生・大学院生を読者の念頭に置いているが、広く宗教に関心を持つ一般の人々にも読んでいただきたいと願うものである。

刊行にあたって、萌書房《きざす》の白石徳浩氏には、この厳しい出版事情の中、快く出版を引き受け、編集の労を取っていただいた。心より感謝の意を表します。

本書は、平成三十年度天理大学学術図書出版助成の交付を受けている。関係の方々に深く感謝と御礼を申し上げます。

二〇一八年十月

金子　昭

現代における宗教批判の克服学——人間と宗教についての思想的探究——＊目次

現代における宗教批判の克服学

――人間と宗教についての思想的探究――

第一章　幸福を求める人間と宗教の姿勢

人間と幸せをめぐるヘッシェルの問い

人は何のために信じるのか？　信仰の目的とは何か？　宗教で何が得られるのか？　こうした問いにはさまざまに答えることができるが、それは人が幸せに生きることにあると答えても、さほど間違っているとは言えない。なんと言っても、幸せを求めない人はいないからだ。

しかし、人間が幸せを追いかけても、幸せのほうが逃げ足が速く、人間にはなかなか勝ち目がなさそうである。でも、この関係は実は逆なのであって、人間が幸せを追いかけているのではなく、もしかしたら幸せが人間を追いかけているのではないか。こういう問いを発したのが、二十世紀ユダヤ教思想家のA・J・ヘッシェル Abraham Joshua Heschel（1907–1972）であった。ヘッシェルの主な著作は、いずれも森泉弘次により翻訳され、教文館から刊行されている。[1]森泉には、ヘッシェルの生涯と思想について紹介した本があり、それが『幸せが猟犬のように追いかけてくる』（教文館、二〇〇一年）である。キリスト教プロテスタント系出版社が、ユダヤ教思想家の本を出しているところが面白い。

それにしても、「幸せが猟犬のように追いかけてくる」とは、なんと心を突き動かす印象深い命名だろうか。我々人間が、幸せを猟犬のように追いかけるのではない。それだったら、幸せのほうがはるかに逃げ足が速く、我々はきっと取り逃がしてしまうだろう。しかしそうではない。幸せのほうが、我々を猟犬のように追いかけてくるのである。我々が追いつかれ、獲物のように捕えられてしまうのは時間の問題なのだ。幸せは我々を確実に捕えてくれる。これはなんと、素晴らしい救済の約束ではないか。

実は、幸せとは「神」のことなのである。そして「幸せが猟犬のように追いかけてくる」とは、人間と神との追いかけっこのことである。人間が幸せ、つまり神様を追い求めても、神様のほうが当然はるかに逃げ足が速い。人間と神の追いかけっこでは、人間は完全に負けである。しかし、本当は神のほうが我々人間を追い求めている。逃げても隠れても神はどこまでも追いかけてくる。なぜかと言えば、神は人間に幸せになってもらおうと思っているからである。

この本の表題は、ヘッシェルが二十代の頃、彼の母語であるイディッシュ語で書いた詩集『人間——言い表しえぬ名』の中に出てくる、「神はどこへ行こうとも私を追いかけてくる」という詩句から取られたものだという。人間が神を希求して探し求めるのではなく、神のほうが人間を愛して、聖なる使命を託すために人間を探し求める。神による人間探求には、実に猟犬のように執拗なものがある。逃げても隠れても神はどこまでも追いかけてくる。それほどまでに神は人間を愛し、祝福したいのである。

肉親愛のような神人関係

だが、幸せといっても、それは苦難や試練とともに到来するものだという暗示があることを忘れてはならない。この思想は、ヘッシェルにおいては、後年の『人は独りではない』(一九五一年〈邦訳一九九八年〉)やその続編『人間を探し求める神』(一九五五年〈邦訳一九九八年〉)において独特のユダヤ教宗教哲学として自覚的に展開される。ユダヤ民族の歴史がまさに苦難と試練とともにあり、彼自身の生涯もまたそうだった。

ポーランド生まれのユダヤ人であったヘッシェルは、第二次世界大戦中、ナチスのホロコーストにより母と妹三人を失い、彼自身もゲシュタポに逮捕され、厳寒の国境に放置されて、そこからかろうじて脱出したという経歴を持っている。「献身的な親の汚れた手、迫害されてきた人たちの五体満足でない身体と生傷だらけの顔に、地上に最後に残された偉大な光明を垣間見ることができる(2)」と彼が述べる時、おそらくは艱難が深刻であればこそ、到来する幸せも大きいということを示唆しているのだろう。

ナチスによる過酷なユダヤ人迫害は、M・ブーバーやE・レヴィナスなど、同時代のユダヤ教思想家の人生や思想にも深刻な影を落としている。しかし、同じユダヤ教の精神的出自を持ちつつも、彼らはヘッシェルとは思想的傾向を異にするところがある。ブーバーは開明的で近代的知性を早くから受け入れ、『我と汝』などの著作を通じてヨーロッパの一般的な知識階層に受け入れられてきた。レヴィナスは正統主義ラビ神学に立脚し、フッサールやハイデガーを経由して、『全体性と無限』などで哲学的に堅固であるが晦渋《かいじゅう》な思想を展開した。このように二十世紀のユダヤ教思想家といっても三者三様であるが、彼らはいずれも神との自覚的関わりの中にあって、それぞれに人生肯定的な宗教的人間学を築き上げてきたという共通性がある。

ヘッシェルが個人的に関わりを持ったのは、彼より三十歳年長のブーバーであった。ブーバーは神と人間の対話的関係性を強調したが、ヘッシェルによれば、しかしそのような関係自体が水くさい、疎遠なもののように思われた。森泉弘次の表現を用いれば、ヘッシェルにおける神と人間の関係はもっと肉親愛に近い関係である。ヘッシェルに、ある学生が「先生にとって神様とはどんな方ですか」と質問したことがある。彼はすかさず、「人間よりずっと親しい関係です。人間とつき合うほうがはるかに難しく骨が折れます」と答えたのであった。

彼は、人間はもともと神の臨在、神の近さの内にあると考えている。人間はしたがって、この臨在や近さを常に肌で感じつつ、敬虔な思いで生きなければいけない。神の関心事は、人間の身体と魂が真に切望するものと合致する。その意味で人生は聖なるものである。この聖なる人生は神人の共働関係《パートナーシップ》の上に成り立つが、今日見失われているのがまさにこの共働関係《パートナーシップ》なのである。

未曾有の危機における神人の共働関係

ヘッシェルは、『神と人間のあいだ』(一九五九年〔邦訳二〇〇四年〕)の中で、技術文明が人間の驕りのために大変な災禍をもたらす事態を預言的な口調で述べている。今、それを読めば、彼がチェルノブイリや福島の原発事故の持つ真相を見越していたかのようだ。人類は原子力という禁断の樹の実を食べてしまった。そして自力で楽園を建設し始め、この楽園から神を追放しようとした。万事順調のように見えたまさにその時、原発事故の思いがけぬ大惨禍が発生した。ここにおいて、我々の楽園が「火山の頂上に建てられていた」ことが突如として暴露されたのである。

けれども、我々は希望を失うには当たらない。究極の苦難と試練の中にこそ、神の臨在が痛切に感じられ、共働者《パートナー》としての神を身近に見出すことができるのである。神は人間を見捨てない。それどころか、神は我々がこの世に正義と平和と聖性を達成するため、肉親のように見守ってくれる。人間は神と共にあることで幸せにならなければならない。そして、その幸せは猟犬のように我々を追いかけてくるというのだ。なんと心強い慰めであり励ましであろうか。

喜べようが喜べなかろうが、神に摑《つか》まえられてしまった以上、我が身に起こった出来事は、すべて神の望まれる人間の幸福のためにあるものとして受け止めていかなければならない。我々はそれゆえ、どんなに危機の中にあっても、神の臨在の下に生きていることを自覚しつつ、直面する難問をねばり強く解決していくことが求められる。これが今日の時代におけるヘッシェルの力強い信仰的メッセージなのである。

同じようにナチスの迫害を受けたアンネ・フランクは、秘密警察に隠れ家を狙われ、緊迫した不自由な生活を強いられる中でも、日記の中に「わたしたちを今のようなわたしたちにしたのが神様なのは確かですが、いつかふたたびわたしたちを高めてくれるのも、やはり神様にちがいありません(3)」と書いていた。

この神と人間の関係は、どの宗教にも言えるだろう。神や仏がいるから苦難も存在する。善事を行って果報が得られ、悪事を働いて悪果があるという単純な因果応報の世の中であれば、神仏の登場する出番はない。人間が人間として生まれた太古の昔から、人間は神仏を求めてきたのは、世の中が不条理に満ちており、そこに人間苦も存在するからであり、そういう場面にこそ神仏が臨在するのである。人間的不幸に直面したからといって、神も仏もあるものかというのは、あまりに早計である。宗教はそこに成立してきたし、宗教の成立根拠もそこに理由がある。宗教は絶えず逆説を携えている。我々が宗教を見る視点に、こうした逆説を常に意識していくことが求められるのである。

ふとしたことで幸せを感じる瞬間がある。その幸せとは、我々が追いかけて手にしたと言うよりは、むしろ幸せのほうが我々を襲って摑まえたと言ってよいものではないだろうか。そうした瞬間に、神仏、あるいは超越的存在者の臨在を少しでも感じるならば、それは神仏に追いつかれ、摑まえられた瞬間でもある。宗教というのはこの瞬間に生まれるようにも思われる。

神仏は、人間に真に幸せになるという使命を果たしてもらおうと、人間を探し求めている。そして神仏に真っ先に摑まってしまった人間、それが信仰者という存在である。信仰者が自ら信じる教えに生きようとする時、その人は宗教者となる。

信仰があっても、我々は生身の人間である。頭のてっぺんからつま先まで信仰で充填されている人もいるかもしれないが、そうでない信仰者や宗教者のほうが多いだろう。そして信仰そのものの質にも注意を払うべきではないか。現代日本のカトリック作家の遠藤周作（一九二三〜一九九六）は、「信仰というのは99パーセントの疑いと1パーセントの希望である」と述べた。[4] どんなに疑ってもかまわない。大切なのは、その残り「1パーセント」の希望の内に神仏が臨在していることを自覚していることである。

幸せが追いかけてくると言っても、現実には、病気や事故、さまざまな社会的トラブルのほうが我々を追いかけてくるように見える。生身の人間である以上、そんなことには喜べるものではない。苦しくつらい体験もすれば、悲しみや怒りに身もだえしたり、悩みや懐疑にさいなまれたりすることもあろう。しかし、どん底に陥っても、絶望する必要はない。忘れてはならないのは、そのような不都合やトラブルと同時に、神仏もまた先回りして我々を待っていてくれることに気づくことなのである。

（1） A・J・ヘッシェル『イスラエル預言者』（上・下）、『人は独りではない――ユダヤ教宗教哲学の試み』、

『人間を探し求める神――ユダヤ教の哲学』、『イスラエル――永遠性のこだま』、『シャバット―安息日の現代的意味』、『神と人間のあいだ―ユダヤ教進学者ヘッシェルの思想入門』。邦訳書の訳者・出版社はすべて森泉弘次、教文館による。

(2) ヘッシェル『人は独りではない――ユダヤ教宗教哲学の試み』二九五頁。

(3) アンネ・フランク『アンネの日記 完全版』(深町眞理子訳、文春文庫、一九九四年)、四四五頁。

(4) 遠藤周作『私のイエス――日本人のための聖書入門』(祥伝社文庫、一九八八年)、二一頁。『沈黙』や『深い河』をはじめとする彼の数多くの文学作品の中で、懐疑と希望をめぐる信仰というこのテーマがさまざまな形で登場している。

第二章　宗教と信仰の相違という問題

カフカの寓話から

第一章では幸せと宗教的信仰の関係について示唆した。神仏の臨在を感じることとは、宗教的信仰の入口である。しかし、入口は同時に出口でもある。宗教の門を勇躍開けてみたら、そこはなんとも息苦しい掟の世界だった。こんなはずではない。いったいどこが問題なのだろう。この問題を説き起こすには、寓話を用いたほうがむしろ真意が伝わりやすい。カフカはまさに「掟の門」という寓話を語っている。「掟の門」は彼の小説『審判』の中で登場する一つの挿話であるが、独立した短編小説にもなっている。(1)それはこんな謎めいた内容である。

ある男が、「掟の門」という名前の門の前にやって来た。門の中に入ろうとしたが、彼は入れてもらえず、そこで立ち往生してしまった。門そのものは開いているものの、そこには門番がいて彼の入場を拒否したからである。男はせっかくやって来たのだからと、門番の許可を得るべく、ずっと待つことにした。その門にはほかに誰も来なかった。その門はまるで男のために存在する門であった。門番もまた、彼のためにいるようなものだった。男は何日も何か月も待ち続けた。何年も何十年も待ち続けた。そして、男も門番自身もすっかり年を取ってしまった。しかし、ついに門は開かれることはなかった。

この寓話には、いろいろな解釈が可能であろう。掟の門という名称からして、ユダヤ教を思い浮かべ、また男の姿に、その信仰的世界に入りきれなかったカフカ自身の姿を見ることもできるかもしれない。それにしても不思議なのは、その男は一体どういうつもりだったのか、ということだ。本当に門の中に入りたかったのか？　だとしたら、門番の言いなりのままだったのが一番の問題だったはずである。門の中の主にうまく話をつけて内側から開けてもらうか、門番など無視して門の中に飛び込んでいくか、あるいは、別の入口を探すことだってできるのではないか。いや、本当のところは、門の中に入る気持ちはそれほどなかったのかもしれない。だとしたら、さっさと見切りをつけてしまってもよかったはずだ。何年も何十年も待つなど愚の骨頂である。

掟の門とは、名前からして奇妙で謎めいている。そんなところに入ったら最後、かえって掟に囚われてしまい、今度は門から出たくても出られなくなるのではなかろうか。掟のどこが魅力的なのか。カフカはそのあたり何も説明していない。いずれにせよ、男は受け身の姿勢をきっぱり止めて、自分の未来を自分から主体的に作り出していくべきだった。男はいつまでも待ち続けた。そして門番もまた、彼のために自分の人生が尽きるまで門番を続けた。男も門番も、掟の門のために人生を棒に振ってしまったのである。

一つ考えられることがある。それは、門の内が掟の世界だとしたら、門の外には自由な世界があるということだ。もしかしたら、実は男がいるのは掟の門の内部であって、本当のところは、彼は門の外に出ようとしていたのかもしれない。自由で生き生きとした世界は、門の外にこそ存在する。人間としてなすべきことは、門の外にこそある。門の外には、多くの人々が我々の来るのを待ってくれている。とすれば、眼差しを広い社会へと向け直し、少なくとも門を開いて一歩外に出て行くべきではないか。

そうだとすれば、掟の門の内部とは、男をその中に閉じ込めている何らかの掟の共同体であろうか。そうであるかもしれないが、この内部世界は男が自らの内に作り上げている自分自身の心の閉鎖世界でありうる。そして頑固な門番もまた、本当のところは、当のその男自身だったのではないか。なんのことはない、門とは、また門番とは、実はその男自身の問題でもあったのだ。

この男の運命は人ごとではない。門の外に閉め出されているのか、それとも門の中に閉じ込められているのか定かではないが、それは我々自身の姿なのかもしれない。そして門番もまた我々自身でありうる。門を作ったのも人間であれば、門を開けるのも人間である。そもそも、門とはいったい何物なのか。門そのものを、一つ自分の目でじっくり点検してみてはどうだろうか。

宗教は人間にとって、確かに一つの〝掟の門〟である。内面から人を閉じ込めてしまうのも宗教であれば、内面から人を解放してくれるのも宗教である。

信仰の本末関係と信仰復興運動

暗喩に満ちたこの「掟の門」という寓話は、確かに意味深長なものがある。そこで、我々はもう一度、幸せのところまで戻って考えてみよう。人それぞれに幸せを感じる時がある。それは多くの場合、自分が生き生きと主体的に生きている時ではないだろうか。信仰生活においても然り。その時、信仰者は自分の生命が伸び伸びと発揮されていることを実感しているはずだ。そこでは、信仰もまた生き生きと躍動している。

逆に、自分の生命が阻害されたり抑圧されたりして、萎縮していると感じた時、人は決して幸せを感じることはできない。そこでは信仰そのものも生彩を欠いたものになっている。だから、いくら言葉を尽くして教えを説こうとしても、自分にも他人にもまるで響いてこない。なぜなら、自分の生命に対して正直になってはいないからである。

宗教的信仰を求めるのも、自分なりに幸せを求めてのことだったはずだ。信仰していて不幸せな気持ちを抱いているとしたら、その信仰にはどこか問題が潜んでいると言ってよい。なぜなら、信仰とは神仏の臨在の内に幸せを感じることだから。

代を重ねた信仰者ならば、こんな思考実験をやってみてはどうだろうか。自分が今、神仏の救いに目覚め、信仰を初めて我がものとして得たと仮定する。私は信仰初代である。いや、初代という意識さえない。まして、他人のことも組織のことも眼中にない。私の眼差しはまっすぐに神仏に向けられている。より正確に言えば、私自身が神仏の眼差しの下にあることを自覚している。

私の信仰は、自ら救われた確信から出発している。それは大きな解放感であろう。生き生きとした信仰、伸び伸びと羽ばたいている生命を、ひたすら実感するだろう。近くに同じ信仰仲間が作っている組織もあるかもしれないが、そんなものは気にもならない。自分の信仰の定規に照らして判断して、適合していれば重んじるが、適合していなければ、無理にこだわる必要もない。まして、人や組織に振り回されるなど、本末転倒である。それこそ本来あるべき健全な信仰感覚ではないだろうか。

ひるがえって、現実の自らの信仰のありのままを見つめ直してみる。自分に素直な信仰者であれば、いかに自分が周囲の信仰仲間の思惑を気にし、所属する信仰組織に気を使っているかに、はたと気がつくはずであろう。もしかしたら、生き生きとした信仰実感を見失い、幸福感も味わえない原因の一端もここにあると思うかもしれない。

このことは、宗教における信仰復興運動というものの必然性を証示するものである。この運動は、キリスト教ではリバイバル運動とも言われる。しばしば熱狂的な大衆伝道の形を取るがゆえに誤解されやすいが、その原意は、信仰が形骸化し教会が世俗化している時、再び生き生きとした信仰に立ち返らせることを意味するものなのである。

大多数のクリスチャンは、それぞれの教会組織に所属している。しかし、彼らが信仰しているのはキリスト教会ではなく、キリスト教である。いや、イエス・キリストを信仰しているのである。歴史的存在としてのイエスを、キリストすなわち人類の救済者として信じているのである。クリスチャンにとって断然重要なのはどこまでもキリストであり、そのあとにキリスト教、そしてキリスト教会ということになる。これが信仰の本末関係であるが、往々にしてそれらが混同され、甚だしきに至っては順位が転倒してしまうことがある。この本末転倒を打破するのがリバイバル運動なのである。

しかし、教会や教団といった人間的組織は、宗教が社会現象として現れる時に取ってしまう運命でもある。独創的な宗教体験、何がしかの救済の業を行う人物が現れると、人々がその人物の周囲に次第に集まり、教祖と信者という人間関係を形成する。それが制度化されたものが教団組織である。そして、そこに制定されるのが教義である。正統な教義とは、教団組織において正統とされた教義のことであり、それを弁証していくのが教学あるいは神学である。教学研究は、したがってその宗教教団と不可分の関係にある。

教団組織の体質と教義学の性質は並行関係にある。例えば、教団組織が自由で柔軟であれば教学も自由で柔軟であり、教団組織が不自由で硬直化していれば教学も不自由で硬直的であり、また逆に教学が千篇一律なものになってしまえば、教え全体に魅力が乏しくなり、その教団組織も活力を喪失してしまう。さらに教団組織が独善・排他的であれば、教学も当然なんら普遍性を持たず、独りよがりなものとなる。教団組織が滅びてしまえば、教義も用済みになり、教学も神学もお払い箱になる。

教学や神学はその本質からいって、教団の良い意味での〝御用学〟であり、〝御用学〟たらざるをえない。この学問はそれ自体として独立しては存立できず、教団の盛衰と命運を共にするものである。このことは、関係者はよくよく自覚すべきである。教団の〝御用学〟だからこそ、教団に対して安易な妥協や迎合をせず、建設的な批判や提言をなすべきである。これができなければ、教団も軌道修正や改革ができず、時代の動きから取り残されていくだろう。当然、その一方で、教団の側も、教学の立場からの批判や提言を受け止めていく度量が必要なのは言うまでもない。

どの宗教も出来上がった教団組織を持ち、教義や儀礼を確定（固定）してしまえば、その時点でいわば時間が停止したかのような状態になる。そして時代が移り、世の中が変化し、それにつれて人心も変わっていくにつれ、その教団は次第に過去へと、自分たちの中で閉じられた伝統の中へと押し流されていく。宗教的信仰そのものは世の中の変化と関わりなく、超越とのつながりであるが、しかし既成教団において確定されてしまったその表現形態は魅力と生彩に欠け、単に伝統墨守のようにしか思えず、古臭く感じてしまう。当然、神仏の臨在を感得できない人々も現れてくる。信仰二代目、三代目、四代目と、代を重ねるにつれて、そういう傾向は強まっていく。そして、その中から生まれてくるのが、信仰復興運動、リバイバル運動である。

この運動は、どの宗教においても繰り返されるものだし、繰り返されなければいけないものである。

それは宗教における原点回帰の運動である。なぜなら、信仰者が人間として生き生きと生きることができるためには、どうしてもこの運動が必要だからである。そして、信仰者が生き生きとすれば、その宗教も活力を再び増してくるだろう。宗教が時代を超えて生きていくためには、信仰復興運動は不可欠なのである。

内村鑑三の現代的意義

信仰の本末が問われる現代、私は、クリスチャンであるなしにかかわらず、信仰者にとって、内村鑑三（一八六一〜一九三〇）の諸著作を読む意義があると考える。

キリスト教にあっては、カトリックは二〇〇〇年にわたる歴史と伝統を誇っている。世界中に及ぶ堅固な教会組織を形成し、その権威と自信たるや揺るぎないものがある。そこでは、教会とは救済史に位置づけられるべき聖なる実体である。これに対し、プロテスタントでは、教会はむしろ、許された罪ある存在としての人間の集会である。信仰者は、教会的権威に頼らず、自ら聖書を直接読んで、そこに神の言葉を聞こうとする。

こうしたプロテスタント主義は、それ自体が、すでに信仰復興運動そのものだと言えよう。そして、プロテスタント主義を徹底化するならば、それは教会組織そのものからも精神的に自由なキリスト教、すなわち内村鑑三の言う無教会主義にならざるをえない。

誤解を避けるために言っておくと、無教会主義は反教会主義という意味ではない。無教会主義とは、別の言い方をすれば「一人一教会主義」でもある。[2] だから、信仰者はちゃんと自分の「教会」を持っているのである。また、信仰者の側にしっかりした自己批判の契機が存在するならば、我流信仰に陥るということもない。無教会主義にあっては、いわゆる教会に出入りしないからといって、不信心ということにはならないだけである。

内村自身、なにも教会が不必要だと説いているわけではない。まして、人々に教会を脱退せよとは勧めているのでは、決してない。むしろ内村は、自ら信仰的指導を行った者がある教会に入会した時、その人間を祝福したぐらいである。「真心をもって主を信じる者はみな私どもの兄弟である」（『キリスト教問答』）と言うように、内村が目指したのは、教会に属する属さないにかかわりなく、同一の主キリストを信じる霊の共同体であった。

ポイントは、ただ神以外に恃《たの》む心を持たない主体的な信仰を確立するところにある。これは、内村が信仰生活の最初から貫いた姿勢である。三十五歳の時に刊行された『余はいかにしてキリスト教徒となりしか』（一八九五年）[3] を読むとよい。そこには、「異教徒」からキリスト教徒に回心する過程での、長きにわたる霊魂の苦闘、キリスト教文明との対峙や格闘が数多く書き留められている。さらに言えば、読者はそこに、自主独立にして意気軒昂な若き内村の信仰が、生き生きと脈打っているのを十二分に読み取ることができる。この信仰の中には、「できあい信者《レディメード・クリスチャン》」の与り知らぬ深い実存的価値がある。

他人志向的、組織依存的な信仰から脱却して、信仰を再び自分自身の内に取り戻し、生き生きとした信仰、伸び伸びと羽ばたく生命の躍動を獲得する。信仰の喜びもそこに湧き上がってくるだろう。今日、内村鑑三を読む意義は、そのための手掛かりを得ることにあると言ってよいのである。

（1） フランツ・カフカ『審判』（辻瑆訳、『カフカ』筑摩世界文学大系65）、一二五〜一二六頁、『カフカ短篇集』より「掟の門」（池内紀編訳、岩波文庫）、九〜一二頁。

（2） 一人一教会主義とは、カトリックに対抗するため、プロテスタント主義に基づき、より多くの自由、より徹底した独立を貫くことであるとされる。『内村鑑三全集』第三十二巻（岩波書店）、三三一〜三三二頁参照。この言葉は、内村による信仰個人雑誌『聖書之研究』の最終号（第三五七号、昭和五年四月）に登場する。

（3） 本書は英語で書かれた（原題：*How I Became a Christian*）。内村鑑三の前半生の自伝であり、日記をもとにして著された。日本語訳は鈴木範久による（岩波文庫所収）。

第三章　個人的信仰と宗教的共同体、そして霊的共同体

内側から見えない壁の正体

第二章では、教会組織に囚われたら信仰の本末が逆転してしまうという、内村鑑三の無教会主義のことを書いた。内村がこの主義で目指した真の狙いは、教会への帰属にかかわらず、同一の主キリストを信じる霊的共同体を作り出すことであった。本章では、さらに進んで、この共同体が特定宗教の枠を超えて拡大できないかと考えてみたい。

そのためには、宗教者の概念をもう一度吟味してみる必要がある。宗教者とは神仏により救いを得たと自己確信した人間のことである。これが宗教者の本質定義であり、牧師・神父や教会長、僧侶、神主などの〝宗教職〟に従事しているだけが宗教者ではない。宗教的確信の途上にあって、信仰の道を歩む者（信仰者）は、すべからく宗教者を目指すことになる。その過程の中で、同じ神仏への信仰をお互いに

確認し合い、共に信仰する者としての一体感を強化することを求め、同一の信仰対象に帰依する者同士の共同体を形成することになる。これがあらゆる宗教共同体の本質的な起源である。

この際に陥りやすいのは、宗教者が自己の信仰世界を絶対化し、その世界の中で自己完結してしまいがちなことだ。宗教がまさに宗教であるという、まさにそのことで、宗教の壁を築いてしまうのである。この壁は、内側からは透明で見えないが、外側からはよく見える特殊なバリアの性質を持つ。とりわけ新宗教に顕著なのであるが、宗教の〝勧誘〟に当たって、しばしば「要りません」「間に合っています」という反応をされたり、宗教を〝止めた〟人から「これで自分は自由になった」とも言われたりしても、当の宗教者は「こんなにいい教えなのになぜ止めるの?」などと、まるで気がつかなかったりすることがあるのは、外部からはよく見えるものの内部から見えない壁の存在のゆえである。

この壁の正体は何だろうか? 実は、それこそが共同体固有の「掟の倫理」なのである。共同体の倫理の主体は、そこに所属する個々の人間というよりは、むしろその共同体そのものである。したがって、それは往々にして自ら(共同体)を守るために、人間(個々の信仰者)を拘束する「掟」として機能する。本来、自由と生命の充実をもたらすはずの宗教が、逆に人間を頑なにし、窮屈な生き方をさせるというパラドックスを生じてしまう理由も、まさにそこにある。このような共同体の閉鎖性は宗教の外部にいるとよく見えるため、宗教者個人がどんなに人当たりがよく、また誠実そうに見えても(実際にどんなに人間として誠実で立派な人物であっても)、それでは、自分もその人が勧める宗教に入るかといえば、なかなかそうはならない。たいていの人は二の足を踏んでしまう。自分はもっと自由でありたいと思い、そういう共同体に所属してまでも、その信仰をしたいとは思わないのである。また自らの意志とは関わりなく、親がその信仰をしている共同体に属し、自らもその一員として振る舞わなければいけない人が、ときとして重圧や心の苦しみを感じてしまう理由も、同じくそこにある。そして、彼らの気持ちをまるで理解できないのが、宗教共同体の倫理にどっぷりと浸かった人間でもある。倫理はその時、人を内側から拘束する「掟の倫理」となっているのである。

宗教の共同体と霊（精神）の〝共働態〟

宗教が宗教である限り、宗教の壁を超えることはできない。さらに言えば、がっちりとした共同体を宗教が作れば作るほど、そこに所属する信者と非信者という区別をますます強化し、宗教の壁をますます分厚く築き上げてしまう。このような悪循環を乗り越えるという意味をも込めて、内村は無教会主義を唱えたように、私には思われる。もちろん彼が目指したのは、イエス・キリストを信仰する者同士の霊的共同体なのであるが。

一方、私が考えてみたいのは、特定宗教を超えた宗教的共同体の可能性である。そのようなものが成立可能だろうか？　もしそれが成立可能であるとしても、従前通りの宗教共同体ではありえないことは確かである。

私は内村の言う「霊の共同体」という言葉に、一つの手掛かりを探ってみたい。霊の共同体が教会共同体を超えたものだとすれば、それは宗教それ自体をも超える存在ではないだろうか。教会といい、宗教といい、これらはいずれも集団で組織された社会的制度であって、個人としての人間の人格や自由な良心といったものは、こうした外面的組織には断じて還元されるものではないのである。

ここで言うところの「霊」という言葉は、人間の人格的中枢をなす精神と言い換えてもよい。欧米語では、しばしば霊と精神とは同一の言葉（spirit, Geist, esprit）を使う。また「共同体」と言うと、慣習や習俗で結びついた人間集団のイメージがあるが、ここではむしろ霊（精神）としての具体的・内面的な人間がお互いに働き合い響き合う交流のありようが問題になる。そうした含みを持たせる意味で、ここでは霊の共同体という言葉よりも、よりダイナミックな広がりの可能性をはらんだものとして、霊（精神）の〝共働態〟と言うほうがふさわしいように思う。そのような霊（精神）的共働態のことを、二十世紀の亡命ロシア人哲学者ニコライ・ベルジャーエフ Nikolai Berdyaev（1874-1948）は「ソボールノスチ」と呼んだ。これは彼が、『人間の運命』や『精神と現実』[1]などでつとに繰り返している主張である。ソボールノスチとは、霊（精神）に目覚めた人格と人格との自由な良心に基づく交わりである。そのような交わりの共同性は当の宗教共同体を超えた性格を帯びてくる。我々は、この概念をより現代化して受け取り直す必要がある。

現代のソボールノスチとは

近年、宗教者（信仰者）同士の間に一種の霊（精神）的な交流が成立していると思われる出来事がある。それは宗教間対話が盛んに行われ、ときには災害時などでの宗教間協力も行われるところに見られる。そうした対話や協力の中には、一宗教を超えた霊（精神）的な交流の試みが確かに行われている。たとえ信仰対象や教えが違っても、それぞれの宗教的形態の内に超越的存在につながり、それぞれの神仏に帰依しているというその一点で、お互いに共感を覚える部分があるのではないだろうか。私はそこに、宗教者たちが霊（精神）的な連帯感を感じていると思うのである。

ただし、単に交流シンポジウムを開いて議論がはずみ、お互いに親近感が湧いたりしたから、あるいは災害支援において技術的協力や役割分担の関係を進めたりしたからと言って、そこに霊（精神）的共働態が確固として成立しているとは単純に言えない。けれども、そうした対話や協力において、仮に一瞬の間でも人格と人格との自由な良心に基づく交わりが生じた時、その瞬間に霊（精神）的共働態、ソボールノスチが成立したと言うことはできるだろう。

このように考えてみると、宗教に所属しているいないにかかわらず、何らかの霊性（精神性）に目覚め、人格相互の自由な交わりがあるところには、どこにでも霊（精神）的共働態、ソボールノスチの可能性があるとも言えるであろう。それは人格的な交わりを強調するという意味で、宗教の個人化や癒し志向に見られるようなスピリチュアル・ブームの現象とは一線を画すものである。

霊（精神）的共働態は、何かある実体として存在するというよりは、人間が自らを自由で独立した人格として自覚するところから、各自が絶えず努力して一瞬一瞬創造していくものである。その意味では、人間が人格的存在である限り、常にそこへと目指されるべき理想である。人は教会や宗教の中に自足し、その中で自己完結してしまうことで、霊的（精神的）な人格的成長が止まってしまうことが往々にしてある。「出来上がっている」宗教者ほど、このことに気がつかない。しかし、人間が人間であるための拠りどころはひとえに自由な人格の内にあり、このことを自覚した者であれば、誰もが開かれた霊（精神）的共働態を創造することができるはずだ。また実際、そのように働きかけていくべきではないだろうか。

この共同体は慣習や習俗を共有する通常の静的〝共同体〟ではなく、自由を基調とするがゆえに、ときに葛藤や相克をも伴う動的〝共働態〟である。ベルジャーエフも、『精神と現実』の中で、「精神の王国、霊の王国とは何か。それは、自由を前提とする葛藤の王国かと思う。精神は意味を与えることができる」と述べている通りである。何よりも、一人ひとりの人間の内部で精神あるいは霊が生き生きと働くことが肝心である。人が常に主体であり、人格であれば、そうしたことは可能である。

宗教共同体の社会心理学的考察

霊（精神）の共働態という観点から既存の宗教共同体を再考すれば、多くの問題が透けて見えてくる。

実際、多くの宗教共同体は他の宗教共同体と霊（精神）的共働性を実現できていないだけでなく、自らの内部でも霊（精神）的共働性を達成していない。そもそも、どの宗教の救済理念は崇高なのに、現実の宗教共同体はどうしてこんなに問題だらけなのだろうか。

そうした問題は、社会心理学的考察からもアプローチできるだろう。エーリッヒ・フロムErich Fromm（1900-1980）は、宗教について非常に興味深い考察を行っている。「宗教とは何か」と言った時の宗教の定義は、宗教学者の数だけ存在するとも言われるが、フロムによれば、本当の問題とは、それが宗教であるか否かではなく、いかなる種類の宗教かにあるのだという。これは『生きるということ』[2]の中でなされている指摘である。すなわちその宗教が、人間の発達、とくに人間的な力の開花を促進する宗教なのか、それとも人間の成長を麻痺させる宗教なのか、この区別こそ問題だというのである。しかもこの区別は決して単純なものではない。というのも、その宗教の信仰者が、彼の信じる教義とは全く裏腹に、行動においては別のことを行っている場合もあるからだ。

フロムは鋭く指摘する。「もし一人の男が愛の宗教を口にしながら力を崇拝しているとすれば、力の宗教が彼のひそかな宗教であり、彼のいわゆる公の宗教、例えばキリスト教はイデオロギーにすぎない[3]」と。その男がどんなにキリスト教を熱心に信仰していると公言しても、彼の本当の宗教はキリスト教ではなく、古代の異教さながらの野蛮な力の宗教だというわけである。そういうふうに見るのでなければ、十九世紀から二十世紀にかけて、キリスト教国家の欧米人同士の間で、あるいはキリスト教でない他の国々の人々に対して、どうしてあのような恐るべき殺戮や貪欲な搾取が行われたのか、説明困難になるのである。そうした着眼点の背後には、自らもナチスの迫害を逃れて亡命を余儀なくされたユダヤ人である、フロム自身の深い社会心理学的洞察が存している。

しかし、それならそれで、なぜ彼らは、「イデオロギー」であるキリスト教を捨てようとしないのだろうか。それにはいくつか理由が挙げられる。何よりも、そんなことをすれば、人々が規律を失い、社会的結びつきが崩れてしまうからだ。宗教的イデオロギーは、建前としてどうしても必要なのである。そして、さらに重要な理由は、自己犠牲の大いなる愛の神を信じることで、そうした愛の行為はイエス・キリストがすでに自分たちの代わりに行ってくれたとして、自分たちが今行っている野蛮な振る舞いを正当化できるからである。フロムは、この心理的機制のことを、「疎外された信仰」という表現で述べている。それは、自らが自らの信仰を引き受けず、その信仰を外側に追いやってしまって、信仰喪失の状態に陥ってしまっていることを意味している。

生き生きと社会に関わる宗教を目指して

「疎外された信仰」から回復するためには、宗教の信仰者がこの自分の姿を正面から見据え、しっかりと自己批判することが不可欠である。そもそもキリスト教が愛の宗教であり、しかも人間の内には愛への深い要求があるのだから、もしその信仰者が深く反省するならば、自分の所業に罪悪感を覚えるはずだ。認めたくない自分の姿をきちんと認め、徹底した自己批判を通じて信仰の自己分裂状態を克服していかなければならない。

フロムによる一連の社会心理学的分析は、その宗教の信仰者が表も裏もなく真実な生き方をしているか、また彼がどれだけ生き生きと信仰生活を送り、どれだけ自他の生きる力を促進し発展させているかといった、宗教の人間的・社会的あり方について、我々に大きな示唆を与えてくれる。その際何より大切なのは、自分の信仰がいつのまにか「イデオロギー」にすり変わり、「疎外」されていはしないかどうかと、絶えず反省し自己批判していく姿勢である。そのためには、宗教に関わる一人ひとりが精神的に自立し成熟して、独立自尊の〝人間力〟をつけていかなくてはならないだろう。

今日、我が国においては、宗教への風当たりは非常に強い。宗教関係者は、メディアが宗教の醜聞ばかり報道するなどと愚痴をこぼすべきではない。それは、宗教に対する日本社会からの要求や理想が高いからこそ、現実の宗教批判もその分厳しくなっているからだと、率直に受け止めるべきである。そして、自ら現実社会と噛《か》み合った問題意識を持ち、真摯な自己批判を通じて打開策を模索すべきである。そのような自己批判があってこそ、現代さまざまになされている宗教批判を自らの中から克服する展望も見えてくる。自己批判なくして自己主張するだけでは、社会の動きから置いてきぼりにされるだけだろう。そのぐらいの危機感の自覚こそが今、宗教界には求められているのである。

（1）ニコライ・ベルジャーエフの主要著作は『ベルジャーエフ著作集』全八巻（白水社）として翻訳されている。逆説的倫理学の試みという副題の『人間の運命』は第三巻、また『精神と現実』は第五巻である。「レンブラントの絵のようにベルジャーエフの思想には上方から強い光がさしている」とは、彼の著作を翻訳した氷上英廣の言葉である（『孤独と愛と社会』著作集第四巻解説）。「上方からの光」とは、超越的な終末論的視点に立つベルジャーエフの霊感である。彼にとって、超越とはどこまでも自己の内から照射する明るい源泉なのである。

（2）エーリッヒ・フロムの『生きるということ』（佐野哲郎訳、紀伊國屋書店、一九七七年）の原題は『持つべきかあるべきか』*To Have or To Be?*, 1976であり、本書は人間の二つの異なる存在様式として「持つ様式」と「ある様式」を区別して論じた人間存在論となっている。両者は日常生活の中で曖昧にされ、「持つ様式」が「ある様式」を隠蔽してしまっている。しかし、人生のさまざまな危機（病気、事故、別離、被災など）の際に、両者が人間の実存的な二者択一の可能性であることが明るみにもたらされるのである。

（3）フロム『生きるということ』一八四頁。

第四章　真理を求めるのは智慧か愚かさか

法然と親鸞と一遍と（柳宗悦）

第三章では、宗教や教派の枠組みを超えたスピリチュアルなつながりの可能性について、ベルジャーエフのソボールノスチの概念を手掛かりに考察した。本章では、宗教的真理を求める立場からこの宗教や教派の問題性について、さらに進んで論じることにしたい。

仏教には教相判釈（教判）と呼ばれるものがある。これは、さまざまな経典を、その教説の内容や様式から分類して価値づけすることを指す。種々様々な仏教経典がインドから次々と入ってくる中、中国仏教においてこの教相判釈が行われ、さまざまな宗派・学派が成立していった。今日、浄土系各宗派の源になる浄土教も、中国において五〜七世紀にかけて確立した宗門である。これが日本に導入され、平安時代に浄土信仰として隆盛を見たあと、鎌倉時代に入った時、法然が登場して専修念仏の教えを説き、ここに浄土宗が成立する。法然の説いた教えはその後、多くの流れに分派したが、今日まで続いている主な宗派としては、法然自身を宗祖とする浄土宗、親鸞を宗祖とする浄土真宗、そして一遍を宗祖とする時宗がある。

これら浄土系の宗派は、いずれも同じ浄土三部経を所拠の経典にしている。ところが、浄土宗では、あえて別派を立てたとして浄土真宗を苦々しく思い、浄土真宗は己の教えこそより徹底した他力の教えだとして浄土宗を軽んじる傾向がある。一方、時宗ははるかに小規模な宗派であり、同じ浄土宗門として顧慮されることはきわめて少ない。

しかし、浄土宗門に属しない立場からすれば、これら各宗派の区別や、ましてその対立などに囚われる必要はさらさらない。むしろ、どれも同じ他力の易行道なのだから、各宗派の宗祖の思想を生かしながら、より統合的に浄土の教えを捉えられるのではないか。そうした発想に気がついていた人物の一人が、我が国の民芸学の創始者として知られる柳宗悦《やなぎむねよし》（一八八九〜一九六一）であった。

柳によれば、さまざまな仏法の中から庶民救済のために専修念仏を選んだのが法然であり、その他力本願の信仰の側面に力点を置いたのが親鸞、さらに仏と衆生の差異を止揚するほどまでにこの境地を徹底させたのが一遍だと位置づけられる。法然、親鸞、一遍の三者は、一者の内面的発展のそれぞれの過程であり、これら三者があいまって一人格の表現となる。この三祖師あるがゆえに、浄土思想に絶大な価値が現れたのである。法然、親鸞、一遍の系譜の中にあっての南無阿弥陀仏が、全体として南無阿弥陀仏の意義を輝かしめるのである。

柳はその古典的名著『南無阿弥陀仏』(一九五五年、岩波文庫所収)で、この三者の関係性の様態を、「法然という礎の上に、親鸞の柱、一遍の棟が建てられているので、法然なくしては親鸞も一遍もなく、また親鸞、一遍なくして法然もその存在の意味が弱まる」と述べている。しかも浄土宗門が一遍の境地にまで達した時、自らと対立的なものと考えられていた聖道門に接近して、そこに他力と自力、易行と難行との相違も解消され、一つの仏教として大きな円環の中に融解していくとされるのである。これこそ宗門の壁を取り払う斬新な見方であり、なんと心を晴れやかに解き放つ発想であろうか。柳宗悦は浄土宗門に属する者ではない。だからこそ、宗派に囚われぬ自由な見方ができたのである。

レッシングの『賢人ナータン』

俗に「宗論はどちら負けても釈迦の恥」という。これは仏教内部の教義論争や対立の愚を戒めた川柳で、法華宗(日蓮宗)と浄土宗の仲の悪さを揶揄する時に述べられることが多い。どんなに宗門が異なろうと、釈迦を始祖とする同じ仏教ではないか。宗門同士で互いに優劣の論争を行い、どちらが勝ち、どちらが負けたところで、釈迦は恥じ入らざるをえないというわけだ。まして同じ浄土宗門内部の宗派で対立して仲違いしてしまうのは、もっと愚かなことである。

この考えはさらに進んで、互いに異なる宗教と宗教の間にも言えることではないだろうか。どの宗教にも、その宗教でなくてはならぬ絶対に譲れぬ価値が存するのであろうが、それはどこまでもその宗教の側の都合にすぎない。宗教同士が信仰や教義や儀礼など、その絶対性を振りかざし、優劣をめぐって闘争し、信者を取り合い、反対者に呪詛をぶつけ、我こそはお山の大将だと嘯《うそぶ》いている姿は、傍目には滑稽と忌避の念を与えるばかりで、結果として宗教そのものに対する評価を大きく下げる結果になってしまう。教えは相互に異なっても、宗教と名のつく存在同士ではないか。仲良く平和に共存していけば、どの宗教も人々から愛され頼りにされ、共に繁栄していくはずである。

この点で大いに参考になるのが、十八世紀ドイツの劇作家レッシング Gotthold E. Lessing（1729–1781）の戯曲『賢人ナータン』（一七七九年、岩波文庫所収）である。この中に有名な「三つの指輪」の話がある。その昔、東方の国のある金持ちが、その持ち主は神にも人にも愛されるという秘密の力のある指輪を所有していた。彼はそれを三人の息子にゆずりたいと思っていたが、あいにく一つしかない。そこで本物そっくりの精巧な指輪を二つ作り、亡くなる前、息子たちを一人ずつ呼び出して、これが秘密の指輪だとして分かち与えた。息子たちは、自分こそ本物をもらったと言い張るが、あまりに精巧に作られていて、専門家が鑑定しても区別がつかない。そこで息子たちは裁判所に訴えた。もちろん裁判官にもどれが本物か分からない。しかし、この裁判官は賢者だった。彼は言った。「その指輪を持っている人間は、神からも人からも愛されるというではないか。それなら、お前たちの内で神からも人からも愛される者がいるならば、その者の指輪こそが本物になる。だから、お前たちもそれぞれ自分の指輪こそ本物だと信じ、神からも人からも愛されるように努め励むがよい」。これは、なんと深い含蓄があり、知恵に満ちた言い方であろうか。

この三兄弟とはユダヤ教、キリスト教、イスラム教の喩えであり、いずれも父なる神を信じる同じセム系一神教というルーツを持つ。現実の歴史においては、この三つの宗教ほど仲の悪い宗教はない。そのために、これらの一神教的宗教は、かえってこれらを信じない人々から忌避される原因を自ら作り出してしまっていたのである。どの宗派、どの宗門であれ、さらにはどの宗教であれ、人々の幸福と平和、繁栄を目指している教えを説いている。だとすれば、それらが人々にも神（あるいは仏）にも愛されるためになすべきことはただ一つ、自らの宗派、宗門、宗教のエゴイズムから己を解放し、その教え通りに無私の精神で、世界のあらゆる病める人々、難渋に苦しむすべての衆生に献身していくことに尽きる。

自ら信じる宗教、自ら属する教団に拠って立ち、他宗教や他教団のあり方を批判するのは、あたかも安全な陣地にいて、そこから外に向けて石を投げているようなものだ。自分自身はどこまでも安全であり、仲間や組織に庇護されているからである。しかし、自分自身の信仰を貫くため、自らの宗教や教団に対して叛旗を翻すとなると、もはや自らを護ってくれる存在は超越的な存在（神仏）でしかない。そのような闘争を挑んだのがキルケゴールであった。

キルケゴールの教会闘争

実存思想の創始者とされるキルケゴール Søren Kierkegaard（1813-1855）ほど、謎に満ちた思想家もいないだろう。彼は四十二年という短い生涯の間に、偽名及び実名で実におびただしい著作を書いたが、最晩年の一年間はデンマーク国教会を相手に激烈な攻撃を行った。これが有名な「キルケゴールの教会闘争」として知られるものである。その出発点は彼の独特なキリスト教体験にあった。

幼少の頃、彼は父親から次のよう話を何度も聞かされた。群衆はイエス・キリストに唾を吐き、ののしり、鞭打ったあげく、最後には十字架にくぎ付けにした。だが、お前はそのイエス・キリストをこそ真に愛しておくれ、と。しかも、そうした話を、父親は真摯な祈りの中で、繰り返し彼に語り聞かせたのである。このことが幼い子供にとって強烈な原体験になったことは、想像に難くないだろう。

キリスト教にとって真理はイエス・キリストであり、キリストをおいて真理はありえない。その真理そのものに向かって、人々は唾を吐き、迫害し、死に至らしめたのである。それゆえ、真理に忠実に仕えようとするならば、唾を吐かれ、迫害され、死に至らしめられることをも覚悟しなければならない。要するに、真理に忠実であろうとすれば、誰もがこの世では人間として不幸になることを覚悟し、いやむしろ殉教者とならなければならないのである。殉教者こそが真理の証人たるにふさわしい存在だからである。過激といえば過激であるが、キルケゴールのキリスト教理解はこれほどまでに徹底したものだったのだ。

この視点からすれば、当時のデンマーク国教会の状況はまさにその正反対であった。国家の教会として世俗世界とすっかり融和し、その本来の異質性や断絶性のゆえにキリスト教が人々につきつける「躓き」の契機を失わせ、これを通じて得られる真理を見失わせるに至ってしまっていたのである。この躓き（徹底した罪の自覚）を通じての救いという逆説こそが、新約聖書のキリスト教の説く教えである。

キルケゴールは教会闘争を、まず新聞寄稿という形で開始した。その後は、『瞬間』という名の個人雑誌を十日おきぐらいの速度で矢継ぎ早に刊行し、その筆鋒をますます激しいものにしていった。[1] ここで言う「瞬間」とは、超越的な神の永遠がこの世の有限な時間に突入する際、その永遠の切片の謂いである。誰もが信者であるがゆえに誰もが信者でなくなった公認キリスト教界に対して、彼は新約聖書のキリスト教の真理を、自ら体当たりで突きつけた。それは文字通り生命を賭した闘いとなった。『瞬間』の中には例えば、「キリストが富める青年に向かって言われた言葉『君の持物をことごとく売って――貧しい者に与えよ』と、牧師の言う言葉『君の持物をことごとく売って――私に与えよ』とは、同じ教えなのだろうか」（第六号）などと、実に辛辣な言葉も数多く書かれている。彼は、『瞬間』第十号を発行準備の最中に、街路上で昏倒して病院に担ぎ込まれ、そこで間もなく亡くなった。

キルケゴールの教会闘争は、単に一人の風変りな人物が教会を非難・攻撃したというものではない。それは、デンマーク国教会における大きな精神史的出来事だった。当初は教会当局もそれが分からず、キルケゴールの所業は全く困惑と不快を催すものであり、客観的に見ても単なる「教会の嵐」のようにしか受け止められなかった。彼の死後、次第に彼の思想と行動の真意、また教会側への深い精神的関わりが判明してくるにつれて、キルケゴール研究者のみならず、教会史の研究者も彼の教会闘争の精神史的意義を重要視するようになったのである。

しかし、そもそも、このような認識を可能にさせたものは、一体何なのであろうか。それは一言で言えば、プロテスタント信仰に基づく批判精神であり、この批判精神があるからこそ可能な理解だったのである。つまり、そこあるのは、「真理はどこまでもイエス・キリストの側にあり、人間の拵《こしら》えものである教会の側にはない」という、プロテスタンティズムの厳粛な原則である。さらに言えば、プロテスタンティズムの批判精神は、そうした批判を通じて自己自身のあり方をも批判していくという自己遡及的なところに特徴がある。キルケゴールの教会闘争がデンマーク教会史そのものの重要な一齣になるのは、実はどちらもキリスト教の真理を求め、これを確立しようとする精神的運動に合流していくからなのである。

真理を求めてやまない愚かさ

キルケゴールの人物や思想をめぐっては、いまだに多くの誤解や曲解がなされている。もちろん彼に奇嬌で歪んだ側面が見られないわけではない。しかし、我々が宗教というものを自らの主体的真理の問題として受け止めようとするならば、彼の預言者的な側面にこそ注目すべきである。

公認キリスト教、すなわち国教会に真正面からたった一人で刃向かい、力尽きて倒れたその姿は、世俗的・人間的な意味では全く「愚か」としか言いようがないだろう。もっと賢しく要領よくやる方法は他にもあったにもかかわらず、まるで風車に突進するドン・キホーテさながらではないか。けれども、彼の教会闘争は、文字通り人生を賭したきわめて本質的な問題提起の姿だった。彼は、自らをキリスト教の「調製薬・矯正剤」として位置づけており、新しい形態の改革を訴えているわけではなかった。しかしそのための自己認識は、神の摂理の下での出来事として、神に捧げられた殉教者のあり方を取らざるをえなかったのである。それは、キルケゴール研究者の大谷愛人《ひでひと》の言葉を借りて言えば、まさに「真理を求めてやまない愚かさ」の姿である。(2)

キルケゴールは、キリスト教世界にあって、「大いなる錯覚」にすぎないキリスト教世界に本来のキリスト教の絶対的尺度を当てはめようと、単独者として自らの全人生を賭けた。単独者とは、神に対して自己自身の全責任・全存在を背負って関わろうとする人間のことを指す。今日の時代においてキルケゴールを読む意味も、真理と真摯に関わりつつ、絶えずこれを求める単独者としての人間の姿を知り、そのことを通じて自らの生き方を単独者として反省的に深めていくところにある。それは労苦に満ちた「愚か」な営みかもしれないが、この探究がないところに、信仰の真実はありえないし、また学問や人生そのものの真実も見出せないであろう。

真理とは何か。それは人間の側にあるのではない。まして人間の集団による多数決で決まるものではない。どの宗教もそれぞれの仕方で真理の体系を有するが、宗教が真理なのではない。真理はどこまでも超越的存在である神仏の側にある。宗教と真理とは別物であり、ときに宗教が真理を裏切る場合もある。ドストエフスキーの『カラマーゾフの兄弟』に出てくる「大審問官」の挿話は、この恐るべき可能性を示唆するものであろう。宗教の内部にいればいるほど、自分が真理を持っていると思い込む傾向があるが、それはもしかしたら「大いなる錯覚」にすぎないかもしれない。

そうなってくると、信仰を持っているといっても、それはあやふやなものである。もしかしたら、ここでもカフカの証言が参考になるかもしれない。カフカの年少の友人グスタフ・ヤノーホが書き留めた、信仰に関する彼の証言である。「信仰とはなんでしょうか」という彼の問いにカフカは答えた。「信仰をもつ者にはそれを定義することができない。信仰をもたぬ者の定義づけには、恩寵を失ったものの重い影がかぶさっています。それを語ることが、信仰者にはできぬ。不信者には宥されぬといえましょう。予言者が語るものは、じつはいつも信仰の支点に限られていて、信仰それ自体を語ることはないのです(3)」。

信仰についてはいくらでも語ることができる。しかし、信仰そのものは信仰者にも不信仰者にも本来的には定義づけることができない、というのである。自らの信仰は果たして真理に合致したものとなっているだろうか。信仰的真理とは、もしかしたら日常性を打ち壊し、自らの生き方を創り変えてしまうものではなかろうか。なぜなら信仰的真理は人世の内在的なものに由来せず、どこまでも超越的なものに依拠したものだからである。自分は真理を持って日常性を生きていると思い込む〝宗教的生き方〟が、宗教者をして「大いなる錯覚」へと導くおそれがあるのは確かであろう。この逆説的事態について反省を深めるならば、宗教者はますます自らの姿勢において謙虚であることが求められるのである。

（1）「瞬間」（全十号）は『キルケゴール著作集』（白水社著作集、第十九巻）に所載されている（松浪信三郎・泉治典訳）。

（2）大谷愛人『キルケゴール教会闘争の研究』（勁草書房、二〇〇七年）を参照。なお、この研究書は千百頁を超える大著であり、丹念な文献精査と圧倒的な筆力で、キルケゴールの教会闘争の全貌をあますところなく説き起こしている。

（3）グスタフ・ヤノーホ『カフカとの対話――手記と追想〔増補版〕』（吉田仙太郎訳、筑摩書房、一九六七年）、二四七頁。本書は、ヤノーホが十代後半の多感な時期に知り合ったカフカとの交流や思い出を書き留めた貴重な証言集である。

第五章　宗教の救済力はどこから来るか

リアリティショックと超越体験

第四章では、既存の宗教、宗派、教会などの人為的な枠組みがもしかしたら「大いなる錯覚」の可能性があるのではないかと論じた。宗教的な信仰的真理によって、我々はこの「錯覚」に気づき、覚醒の声を上げていかなければならない。そこに実は、現世的なものを超えた、宗教ならではの超越体験の意味もまた見出されてこよう。このことを考え深めるためには、単なる日常的な思考作用を乗り越えるような一種の想像力が必要となる。想像力についてはカントやサルトルなどがさまざまなことを指摘しているが、ここでは二十世紀フランスの哲学者ガストン・バシュラールGaston Bachelard（1884–1962）の言を用いて考えてみたい。バシュラールは、想像力とは現実のイマージュを形成するのはなく、現実を超えつつ現実を歌うイマージュを形成する能力、すなわち超人間性surhumanitéの能力であると述べている。[1] それゆえ、人間とは人間が「超人」である度合いに応じて人間となりうる、というのである。人間を超えた超越的視座からこそ、人間の人間性が照射されて、人間的現実が明るく浮かび上がってくる。現実を超えつつ現実を歌うという表現も、そのことを指し示しているように思われる。超越体験を、日常性を超えた何かに圧倒され、それによって人間が生き方の全面的見直しを迫られる体験と言い換えてみれば、こうした体験は宗教者だけのものではない。私は問題を提起する意味で、あえて大震災の体験をも超越体験として捉えてみたいと思う。

二〇一一年三月十一日に発生した東日本大震災について種々のことが語られているが、震災救援に関して、我々はついつい固定した視点に囚われてしまうところがあるのではないだろうか。そのために、いつのまにか上から目線の被災者支援になる危うさを抱えているように思う。その際、我々が忘れているのは、目線を低くして謙虚に被災地の人々の体験に学ぶ姿勢である。千年に一度という大津波を間近に目撃した人々は、日常性をはるかに超えた、一種の超越体験をしたにも等しい。超越体験の契機は、人間が想像力を有するがゆえに誰もが潜在的に有しており、その意味でこの体験の可能性はすべての人間の内に胚芽として存在する。それが突如、現実の事態となることにより、日常性を突破する超越体験として、大津波に遭遇したことにならないだろうか。もしそこに何らかの聖なるものの自覚や回心の要素が見出されたならば、それは確実に宗教的体験であると言えよう。とすれば、そういうところから宗教についても何らかの洞察が得られるのではないだろうか。

大地震や大津波の衝撃、大切な人や財産、地域での暮らしを喪失した悲痛な体験、避難所での過酷な生活。有りうべからざるこれら非日常的事態を、現実のものとして体験してしまった人は、もはやそれを受け入れ、その中で自らの生を生きなければならない。

過酷な現実に直面し、それ以前に抱いていた理想や想像との落差に衝撃を受けることを、心理学ではリアリティショックと呼ぶ。新入社員が会社に入ってビジネスの現実を知る。看護師が病院に入って臨床現場の現実を知る。これと同様に、ボランティアが被災地に行って現場の惨状を目の当たりにする。これらは皆、リアリティショックである。〝心のケア〟が必要なのは、ときにそうしたボランティアたちだったりする。

そもそも、人々はなぜボランティアとして被災地に行くのだろうか。その深層心理的な理由として一つ指摘できることは、非日常の場面で直接、人々に貢献することでエンパワーされるのが、他ならぬ自分自身だということだ。病院で重病の人のお見舞いに行って、かえって見舞いに行った見舞い者自身が励まされることがあるのと、よく似ている。それだけボランティアに、心の傷つきやすさが存するということである。いやむしろ、そのような傷つきやすさを心に抱えているからこそ、人はボランティアとなって、傷ついた人々の支援に関わることができる。金子郁容はこのような心性をボランティアのバルネラビリティ vulnerability（ひ弱さ、他から攻撃を受けやすいこと、傷つきやすい状態）と呼んでいる[(2)]。

キルケゴールは『不安の概念』の中で、どんなに現実が深刻であっても、単なる可能性ほどには恐ろしくないと述べている。(3) 人間は想像の中であらゆる可能性を思い描き、それだけで疲弊してしまうが、いったん現実に直面してしまえば、それに向けて自らの全力で立ち向かうことができる。これが人間の実存的潜在能力なのである。そのように考えてみると、リアリティショックはむしろ人間が真に実存するための重要な契機となりうるようにも思われる。被災者の〝超越体験〟も、そうしたリアリティショックの最たるものではなかろうか。

未曾有の大震災に遭遇した人々は、自ら人間の全本質が震撼され、通常の日常的生活ではうかがい知れない心魂《スピリチュアル》の体験をしているかもしれない。非日常的体験がそのまま宗教的体験となるわけではないが、そこに超越的な契機が含まれるがゆえに、自らの体験を宗教的体験として受け取る可能性が秘められている。

天譴論の疑問・神義論の不満足

どれほどのいとしい人を裂いたのか　地の神の怒りまだ鎮まらず

これは、阪神・淡路大震災の際にある女性が詠んだ短歌である。(4) 誰もが家族や親しい友など、愛しい人を持っているのに、どうしてこんなにも多くの無辜《むこ》の命が奪われなければならなかったのか。大地の神は何を怒っているのか。慟哭の中で神にやりきれない思いをぶつける。この歌には、かくも無慈悲な所業でその怒りを表した神に対する、生身の人間の問いかけが込められているようだ。

大災害が起こるたびに、巷間まことしやかに語られるのが天譴論である。天譴論とは、自然災害を天（神）が人間に下した譴責であり、罰（天罰）だと見なす考え方である。今日、これを公の場で語れば不謹慎のそしりを免れない。科学的根拠がどこにもない上に、何よりも犠牲者を道徳的に責め立てる、それこそ無慈悲きわまりない議論になるからである。

けれども、天譴論にも一抹の真理がある。それは、我々人間の側にも責められるべき点がやはり存在するからである。我々の現代文明は、自然の収奪と破壊の上に築かれている。我々が享受する豊かな暮らしも、いったん事故が起これば危険きわまりない原子力発電に頼っていたりする。もし天（神）から譴責が下されるとすれば、また我々自身が猛省しなければならないのは、そのような我々の現代文明のあり方であり、この文明的な生活様式なのである。

ただ、このことを認めたとしても、なお割り切れない思いが残る。一体なぜ無辜の人々が犠牲にならなければならなかったのか。愛しい人の肉体が、人と人との関係が、こんな不条理な仕方で引き裂かれてよいものか。それはなぜ、なぜなのか。神は一体、何を考えておられるのか。こうした問いを突き詰めていけば、ついには神の存在理由を問うところまで深められていく。万能で至善な神がいるのに、この世にはどうして苦悩や悪や不幸が存在するのか。神は何ゆえにこれらの存在を黙って見許しているのか。

実を言えば、古来より人類はそのような問いを問うてきたのだった。神義論（弁神論）という形で提起されてきた問題がそれである。

神義論にはさまざまなものがあり、古くには信仰厚き義人の苦しみの意味を問いかけた旧約聖書のヨブ記があるが、ここではよく知られたライプニッツの予定調和的神義論を取り上げてみよう。神はさまざまな世界（宇宙）を構想することが可能であるが、現実に存在しているのはこの世界だけである。神は万能で至善なるがゆえに、存在する唯一の世界であるこの世界は、神が最大の善意を持って創造した世界である。つまり、この世界こそ、他の可能な世界に較べて、最善の世界なのである。どんなに理不尽な出来事や悪しき災難が起こったとしても、それは恩寵という高次の目的に至る手段にすぎず、一切は予定調和的に存在すると見なくてはならない。

これがライプニッツの最善説と呼ばれるものである。なるほど、確かに理屈としては筋が通っている。でも、現実の大災害を目の当たりにした時、果たして人はこれで納得できるだろうか。ライプニッツは一七一六年に死去したが、その約四十年後の一七五五年にリスボン大地震が発生した。地震とそれに続く大津波のために首都リスボンをはじめ、ポルトガルの多くの都市が壊滅状態になり、六万人を超える犠牲者が出た。

リスボン大地震は、当時のヨーロッパの啓蒙主義的な思想界にも衝撃を与えた。「最善説とは、うまくいっていないのに、すべては善だと言い張る血迷った熱病だ」。そう皮肉を込めて、ヴォルテールは

『カンディード』の中で、ライプニッツ流の楽観論的な神義論を批判している[5]。

内なる倫理的な神の体験から

こうした神義論が我々を不満足にさせる理由は、そもそもこの世界の不条理を合理的に説明することの根本的な困難さにある。アルベルト・シュヴァイツァー Albert Schweitzer (1875–1965) は、このことを最もよく見抜いていた人間の一人である。彼は、哲学者にして神学者でもあり、後半生の五十年間をアフリカ原生林の医師として黒人患者の救済に当たった実践家である。彼は牧師を務めていた若い頃、堅信礼を受ける少年たちに、宗教は一切を解明するものではないと語った[6]。その後、第一次世界大戦が勃発し、ヨーロッパ全土が殺戮の修羅場になった。戦後になって彼は、この不条理な事態に直面しても信仰を捨てずに済んだと、成長した少年たちから感謝されたという。

苦悩と悲惨に満ちた、あるがままの世界を虚心坦懐に受け取れば、その認識はどうしても悲観論的なものにならざるをえない。一方に生命の有意味な創造があれば、他方に生命の無意味な破壊がある。創造する神は同時に破壊する神でもある。世界の単純な楽観論的な解釈は、不可能と言うべきである。

そして宗教を測る究極の尺度もまた、そんなところには存しない。それはむしろ、人間をいかに生き生きと倫理的実践に促すかどうかにかかっている。シュヴァイツァーは、我々の内において体験される倫理的人格たる神（愛の神）こそが、そうした倫理的エネルギーを発動すると主張する[7]。この内なる愛の神の体験は、哲学的な言い方をすれば、我々の内なる生命への畏敬の体験としても説明できる。倫理的人格としての愛の神と自然の力としての神（創造の神）は、確かに神としては同一の存在であるが、その関係は我々にはどこまでも謎のままである。

むしろ我々はこの絶対の謎を認め、ただひたすら自らの内に神秘的に宿る倫理的意志としての愛の神、別言すれば愛の意志としての生命への畏敬にのみ拠って立つべきである。なぜなら、我々はそこから尽きることなく倫理的に実践するエネルギーを汲み出すことができるからである。そして、どんなに世界が苦悩と悲惨に満ちていても、懐疑主義や無神論に陥ることなく、我々は自他の生命のために主体的な献身を行うことができる。そしてこれこそが愛の神の命法なのである。

拠って立つべきは、このような我々の内なる超越的存在の臨在である。究極の苦難と試練の中にこそ、神の臨在が痛切に感じられ、自らの中にあって自らを先導して協働してくれる神を身近に見出すことができる。人間は神と共にあることで幸せにならなければならない。我々はそれゆえ、どんなに危機の中にあっても、神の臨在の下に生きていることを自覚しつつ、直面する難問をねばり強く解決していくことが求められる。これも神義論と言うのならば、それは自らの実践の内に体証される倫理的神義論と言うべきであろう。

宇宙論的楽観論

人間が最後に受け入れなければいけない現実、それは自分の死である。自分の死は、誰もがいずれ体験するものの、自分ではもはや追い越すことができない究極的な可能性でもある。それゆえ、死に対する想像力は最大限に発揮され、かくして死は人間にとって、最大の恐怖の対象となりうる。死は人間にとって、究極にして永遠のテーマでもある。今生の生命という意味では、死はその終局だからであり、それを恐れる気持ちは誰もが有している。いわゆる「一人称の死」に直面する人にとって終末期（ターミナル）ケアはこの領域を扱うが、このケアの中には宗教性が顕在的にも潜在的にも重要な要素となる。その一方、後に残される周囲の人々にとっても、大切な人を喪失した悲嘆はときとして癒えないこともあるだろう。これは「二人称としての死」の問題であり、そうした人々のための悲嘆（グリーフ）ケアが近年注目されているが、これにも宗教性が大きな要素となっている。

宗教は、死を超越的次元から解釈し、死を超えて人間が救われることを説く。そこでの救済は超越的な意味での未来の事態であり、確信を持ってこの未来を信じることが、信仰の営みとなる。とすれば、生きる意味は超越的な次元において未来から来るものではないだろうか。どんなに現実が悲惨や苦悩に満ちているとしても、信仰者は未来の救済を信じることから、今の生存を意味づけることが可能なのである。

天譴論が問題なのは、自然災害と人的行為との関わりに対する最も安易で、傍観者的な宗教的解釈だからである。また、天譴論は人々をして意気阻喪させてしまう。それは、それが過去志向的な因果論の文脈で語られるからである。天譴論とは、蓄積された人間の過失が神仏の怒りを招いた結果、こういう災害が起こったのだ、という後ろ向きの因果論である。これでは、人間は現実の悲惨さのために圧倒されるばかりだろう。

しかし、生存がいかに悲惨や苦悩に満ちていたとしても、それを究極的な未来から救済論的に意味づけることができるとしたらどうだろう。どんなに現実に打ち砕かれても、自らの生を未来から超越的に位置づけるならば、それは新たな意味世界の経験とならないだろうか。救済を説く宗教はいずれも、それ自体に価値がある最終的状態を予期している。宗教的多元論で知られる現代イギリスの神学者ジョン・ヒックJohn Hick（1922-2012）はそうした特徴を持つ宗教的救済観を「宇宙的楽観論」と呼んだ(8)。ここにもまた逆説が存在する。人間は宗教的信仰を通じ、救済の可能性を無限に羽ばたかせることで、過酷な現実を乗り越えていくことができるのである。想像力は人間を現実から解放する自由の〝創造力〟でもある。

被災地における宗教性

そうした宗教的回心が東日本大震災の経験の中から生じたのかどうか、それは未知数である。また、たとえそのような回心が行われたとしても、メディアには現れてこない情報であろう。そして、何よりもそうした回心はたとえ短期間でなされるにしても、時間の経過とともに内面的に熟していく性格を持つものである。

災害被災地もまた時間の経過とともに、次第に「元」被災地に変貌していく。そうした容赦ない時間の流れにさらされている「元」被災地の一つが、一九九五年一月十七日に発生した阪神・淡路大震災の被災地・神戸である。

不慮の災害や大事故は突如として発生する。そして、その救援・支援活動もいきなり最初に大きなクライマックスを迎える。ここに、いわゆる「災害ユートピア」的状況も生じるが、これとほぼ同時発生的に始まるのが、一種のポストフェストゥム（祭りの後）の人間の心性である。木村敏によれば、そのような心性は、大きな喪失体験により、もはやそれを悔やんでも「あとのまつり」だと思う手遅れ感であり、そこにはうつ病患者に親和的な時間感覚が見られるという(9)。一年経ち、二年経ち、十年経ち、二十年経てば、当初の支援の盛り上がりもどんどん減衰するだろう。そこに見られるのは、被災地支援のアンチクライマックス的状況であり、関係者の「祭りの後」的な気分である。

「元」被災地・神戸における宗教性を丹念に跡づけた著作が、宗教社会学者の三木英による『宗教と震災——阪神・淡路、東日本のそれから』（森話社）である。この本は阪神・淡路大震災の二十年後の二〇一五年に刊行された。この年は震災二十年という節目の年でもあり、一月十七日前後に開催される震災関係の追悼行事は百十件あったが、翌二〇一六年には五十八件と、ほぼ半減したという。この後、さらに時間が経過すれば、被災地はやがて歴史の一部（歴史的被災地）となり、人々の記憶からますます遠ざかっていく。これが風化の現象である。

災害現場の非日常的状況においては、宗教的支援の倫理性・実践性が前面に出てくる。そこでは、活動の担い手としての宗教者の人格性が顕著に見られる。非日常的状況が日常的状況になるにつれて、宗教における祭祀性・民俗性が次第に現れてくる。担い手としての宗教者についても、突出した活動家から地道な支援者に移行する。そして完全に暮らしが日常化してしまえば、そこでの宗教的時空は祭りとして現れ、その担い手は被災者自身であり、その姿も次第に匿名化していく傾向にある。宗教教団単位の組織的支援が去り、また突出したカリスマ的宗教者が姿を消した時、文字通り匿名的な「貧者の一灯」に宗教性が灯り、自分たち自身による癒しと蘇りが被災地において果たされて行く。神戸で震災慰霊碑をめぐる交流ウォークなどでの巡礼や祭りの側面が交錯する中に、震災後のそうした宗教性の変容を見ることができる。三木は、被災地・神戸における宗教性の変容をそのように辿っている。

こうした宗教性そのものの変容は、救済宗教から民俗宗教への変容とも言えるかもしれない。そして民俗宗教そのものもまた変遷が存在する。宗教もまた社会現象として、時代とともに栄枯盛衰は免れないのである(10)。そうした時、他の伝統的な宗教行事と同様、追悼行事も後継者が現れなければ途絶えてしまうだろう。三木は、被災地で行われる民衆的儀礼（地車祭り、地蔵盆、交流ウォーク）の観察を踏まえ、大震災の個人的記憶が薄れていく中で、集合的記憶を後の世代につないでいくことの難しさに言及している。これは、確かに宗教的回心という大げさなものではないだろう。しかし、それでも、大震災という衝撃的な超越的体験から、世代を超えて人々の心の中に宗教性が育まれているとも言えるのである。

震災死とグリーフケア

東日本大震災では、数多くの人々が大津波に襲われて命を喪った。生き延びた人々の中にも、手をつないで一緒に逃げたのに、押し寄せてくる濁流に呑みこまれ、自分だけが助かって、親を、あるいは子どもを亡くした人がいた。被災者のそのような証言を聞くと、言葉を失ってしまう。

今の今まで一緒だったのに、突如として、一方は死の中に連れ去られ、もう一方は生の中に残された。その衝撃はいかばかりのものであったか。そこからは、突然つながりを断ち切られたことの苦痛と悲しみだけが伝わってくる。身近な人の災害死、事故死のような突然の死に際しては、「ああすれば助けられたのに」、「自分だけが生き残ってしまった」という心の苦しみがしばしば伴う。これを心理学ではサバイバーズ・ギルト（生存罪責感情）と言うが、そのような人の心はどうしたら癒されるのだろうか。

言葉での励ましはかえって逆効果になる場合が多い。さりげなさと傾聴の姿勢が大切である。臨床心理やカウンセリングの技法などを踏まえた宗教者ならではの対応が、そこに求められてこよう。被災地でも多くの宗教関係者が個人やグループでこうしたグリーフケアの活動を「こころのケア」として避難所等で行ってきた。その後は仮設住宅に場所を移して、お茶会などを通じて息の長い取り組みがなされている。

震災後のグリーフケアに関連して付言するならば、東日本大震災の被災地でまことしやかに語られているのが、亡くなった人の姿を見たり、声を聞いたという話である。そうした心霊現象や怪異現象をめぐる人々の語りについて、宗教学者による調査もなされた(11)。それによれば、幽霊の語りはある程度、定型化していく傾向があるようだ。生きている人にとって、突然親しい身近な人が亡くなってしまった時、それが受け入れられず、いつまでも生きているように感じられる。幽霊が実在するかどうかはともかく、この世のものではない何かが、この世に現れて、我々生きている人の心をかき乱してしまう現象が起きている。そのような話には、たとえどんな形になっても、親しい人に会いたいという遺族の思いが込められている。

アイルランドには妖精の話がいくつも伝わっている。妖精たちは死者であったり、死者の使いでもあったりする。小さい子どもや親しい人が亡くなった時に、残された人はとても悲しくて、つらい思いをしている。そういう時にどう慰めるかというと、そういう子どもたちや親しい人たちは、実は妖精が向こうの世界に連れて行ってくれて、向こうの世界で楽しく暮らしているというのである。それを聞いて、子どもや親しい人に先立たれた人は安心する。そのためには妖精という存在を信じているということが前提になる。もしかしたら、ここにスピリチュアルなケアの意義もあるように思える。

東日本大震災の場合にも、例えば仏教の僧侶がその相談に乗る時、教えの上からは幽霊の存在を否定しなくてはならないところを、彼らの心情に寄り添うためにあえて肯定するという。ここに、教えの原則と寄り添い支援とが切り結ぶ接点がある。せっかくの教理であっても、苦しんでいる人にそのまま直接法で説いてしまうと、ときに傷口に塩を擦り込むようなことにもなりかねない。慎重にタイミングを見きわめつつ、相手の心の自由を尊重する姿勢をもって行うことが大切だろう。

宗教者による心のケアにもし優位な点があるとすれば、それぞれの宗教の明確な教えに基づいて生きる意味を提示することができることであろう。宗教者には神仏という超越者のスーパーバイザーがついている。宗教者による心のケアが底力を発揮できる時があるとすれば、この超越的スーパーバイザーがしっかりと働いてくれた時である。宗教者は絶えず超越者の臨在に拠って立つことが求められると同時に、超越者に対して最も謙虚でなくてはならないのが宗教者である。

宗教はボランティアに負けたのか――「さらば宗教」という逆説

ここで、宗教者による災害支援ボランティア活動の評価について述べてみたい。阪神・淡路大震災が起こった年の十月、国際宗教研究所では「阪神大震災が宗教者に投げかけたもの」というテーマでシンポジウムを開催した。この記録は翌一九九六年、『阪神大震災と宗教』（東方出版）として刊行された。十教団の関係者がそれぞれの救援活動について報告し、それをもとに活発な議論が行われた。宗教学者の山折哲雄はコメンテータとして登壇し、宗教者の救援活動に対して厳しい論評をしている。山折によれば、宗教者も救援活動を行ったとはいえ、そこには活動の独自性がなかったというのである。つまり宗教者はボランティアとして、またカウンセラーや精神科医のように振る舞ったのであって、宗教者としてではなかった。しかも被災者に対する心のケアは、本物のカウンセラーや精神科医のほうが宗教者よりも経験を積んでいるし、信頼も高かった。山折のコメントは、ボランティアに対する宗教の敗北とも受け取れるものであった。

これに対し、当然ながら宗教側から数多くの反論が上がった。いわく、宗教者こそまっ先に動いたし、しかも宗教者であるという自覚なしに動いたのだ。いわく、ボランティアの多くは若者であったが、宗教界でも同様であり、宗教界の中でその活動を理解されず浮いていた彼らが、今こそ自分たちの出番だとして動いたのだ。いわく、宗教の貢献が見えにくいのは、実は都会の中で果たしている共同体的な役割で果たした部分が大きいからで、そうした陰の貢献をこそ評価すべきではないか。いや、亡くなった人への供養や遺族への寄り添いと慰藉において、宗教者は実は力を発揮したのだ……と。しかし、それらの反論に対する山折の再反論は無く、両者の意見は物別れに終わってしまった。

山折自身は後に、議論をもう一歩進めて、震災時の宗教者の活動が「宗教者として」の活動たりえなかった理由が、宗教の言葉を人々の心に届けることがもはや不可能だったからだと述べている。家を焼かれたり震災で苦しんでいる人々に対しては、聖書や仏典の言葉を語っても絶対に通じないことを、宗教者自身が自覚していたからこそ、ボランティアやカウンセラーとして振る舞わざるをえなかったというわけだ。

山折はこの見解を、『さまよえる日本宗教』（中央公論新社、二〇〇四年）の中の一論考で述べている。そのタイトルも「さらば『宗教』――歴史的宗教の賞味期限」と、センセーショナルなものである。現代においては、イエスや仏陀の言葉を繰り返しても、もはやなんのインパクトもない。宗教の言葉は、近代文明の言語体系の大波に呑み込まれて断片化され、固有の生命力を奪われてしまった。宗教言語が不通の中、宗教的ニヒリズムが蔓延し、普遍宗教をいくら標榜しようが、歴史的宗教の耐用年数はここにきて尽きてしまったのである。

山折哲雄のこの主張は、逆説的な表現として受け取るべきであろう。彼もまた、宗教者が人々の心に近づこうとするなら、もはや宗教言語の普遍性に拘泥することなく、その者がイエスや仏陀のように生きるほかないのではないかと示唆している。そして、現代の我が国において、宗教者ならではの活動が可能な場面として、「宗教介護」があるのではないかと主張する。老人が終末期を迎える時、宗教が突風のように押し寄せてくるだろう。そうした臨終の場において、宗教が何たるものかが問われるのである。

実を言うと、すでに山折は上述のシンポジウムでも、ボランティアの救援が終わったところから、宗教者として真価が問われる出番があるのではないかと、問いを投げかけていたのだった。カウンセラーや精神科医によっても癒されない人間に対してこそ、宗教者の存在と役割が問われるだろう。宗教の言葉でないと救われない、ぎりぎりの限界状況にある人間に対してこそ、宗教者は身を持ってその言葉を自らの言語として送り届けなくてはならないのである。

宗教者まで〝宗教隠し〟してよいのか

ただ、先述した宗教者の震災ボランティアについて言うならば、私自身は、宗教者はボランティアに敗北したとは決して思わない。困窮した人を助けたいという思いが、宗教者・非宗教者を問わず現れたのが、まさにあの震災時であった。実は、その止むにやまれぬ思いこそが、内なる宗教心の発露ではなかったのか。本来はきわめて宗教的なのに、大手メディアの報道姿勢の下に、また〝一般人〟の眼差しの下に、そうでないと思わされているだけではないのか。もし宗教の敗北があるとしたら、宗教者までがそう思ってしまったということではないか。

実際の救援の過程においては、人と人との間でさまざまな精神的＝霊的な交流があったはずである。しかし、誰もがボランティアという便利な言葉を使用することによって、その種々の具体相がかえって見えなくなってしまった。とりわけ問題なのは、宗教者までもが自分たちの活動をボランティアという通りの良い言葉に還元してしまったということだ。この言葉ばかりが、のっぺらぼうの通貨のように横行し、そして今でも大手を振って歩きまわっているのである。宗教者までが自ら〝宗教隠し〟をして何になろう。メディアが認めてくれない、人々に警戒されるからといって、そこで宗教者が旗幟《きし》を鮮明にしなくては、我が国ではますます宗教の姿が不分明なものになってしまうのではないだろうか。

震災以降、ボランティアの組織化の必要性が認識され、全国にＮＧＯ・ＮＰＯが次々と出現している。これらの団体には宗教系もあれば、そうでないものもある。もし既成宗教のどの教団やどの寺院・教会でも、人々の「たすけ心」をそのまま宗教心として取り込む言語回路を有し、それをさまざまな現場で発揮させるような組織作りをするならば、きっとその宗教組織は伸びていくはずである。

宗教の社会貢献、社会参加というかけ声が声高に聞こえてくる時代になった。それが耳障りに聞こえ、自らの生き残りの方便だから仕方ないと、宗教側が消極的に捉えるならば、人々からその下心を見透かされるだろう。そもそも、これでは宗教者自身の意気も上がらない。逆に、これこそが我々の教えの発揮、救いの実現なのだと積極的に捉えるならば、社会もそれを受け入れてくれるはずだし、活動する宗教者も元気に勇み立つであろう。

宗教者もまた生活者である。ともに同じ生活者として関わることによって、当座の支援に終わらない、息の長い世話取りを行い続ける活動の基盤を見出すことができる。人は、穏やかな人間関係、社会関係の中でこそ、生きる意味を確認し、そして癒されていくものである。その意味で、宗教者は震災の非日常的な現場での支援やケアの活動だけにとどまらず、長期にわたる人生の伴走者になる必要があり、そうした覚悟が求められるのである。むしろ、悲哀や喪失感のために、被災者が生きる意味や生きがいの獲得を求めるものがある時にこそ、宗教者が宗教者としての出番も出てくると言える。人間が人間らしく生きるためには、生きる意味、生きがいへの問いが必然的に伴うものである以上、この問いに応答できる宗教者の出番も必ずある。

山折は「さらば『宗教』」と語ったが、しかし、社会においてその出番が発揮される時には、「ようこそ『宗教』」と歓迎したいものである。そこで次に章を改めて、現代社会に働きかける宗教の力のいくつかの局面について論じていきたい。

(1) ガストン・バシュラール『水と夢――物質の想像力についての試論』(小浜俊郎・桜木泰行訳、国文社、一九六九年)、三二頁参照。

(2) 金子郁容『ボランティア もうひとつの情報社会』(岩波新書、一九九二年)、一一一～一一三頁。

(3) セーレン・キルケゴール『不安の概念』(氷上英廣訳、白水社著作集、第十巻、一九六四年)、二四〇～二四一頁参照。キルケゴールは心気症の患者を例に挙げているが、そうした患者だけに限らない。いかなる人間も可能性のためにはどんなに力を尽くしても、それがまさに可能性であるがゆえに力を尽くし切れない。しかし、いったんそれが現実のものとなった場合、これに対して全力を振り向けることができるのである。

(4) 伊賀上和美(松山市)の作。朝日新聞歌壇俳壇編『阪神大震災を詠む』(朝日新聞社、一九九五年)より。

(5) ヴォルテール『カンディード(他五編)』(植田祐次訳、岩波文庫)。原題 *Candide, ou l'Optimisme*, 1759 (「カンディード、あるいは楽観主義」)。ヴォルテールは同じ批判精神で「リスボン災害の詩」(Poème sur le désastre de Lisbonne) も書いている。

（6）　アルベルト・シュヴァイツァー『キリスト教と世界宗教』（大島康正訳、白水社著作集、第八巻、一九五七年）、六九頁。

（7）　シュヴァイツァー、同書、六六頁。冷たい大洋の中に暖流が流れるように、愛の神は世界の力たる神の中にあって、それと一つであり、かつ全く異なるものであると、シュヴァイツァーは述べている。

（8）　ジョン・ヒック『人はいかにして神と出会うか——宗教多元主義から脳科学への応答』（間瀬啓允・稲田実訳、法蔵館、二〇一一年）、一三三〜一三四頁参照。こうした宇宙的楽観論は、我々の現在の行為や反応の意義が我々のより大きな生命パターンにより形成されるという原理に基づいていると、ヒックは述べている。

（9）　木村敏『時間と自己』（中公新書、一九八二年）、一〇七〜一一五頁参照。

（10）　民俗宗教の栄枯盛衰の事例としては、三木英も関わる宗教社会学会編『生駒の神々』（創元社、一九八五年）から『聖地再訪　生駒の神々』（創元社、二〇一二年）に至る「四半世紀の歳月」に辿ることができる。かつて賑わった寺社が廃れ、代わって別な寺社が流行する。宗教は社会現象として時流とともにあり、それは宗教の偽らざる日常性の姿である。

（11）　東北大学の鈴木岩弓と高橋原による報告「震災後の幽霊の語りと民俗」参照（シンポジウム「震災と語り」、『モノ学・感覚価値研究』第八号、京都大学こころの未来センター、二〇一四年三月、六〇〜一〇〇頁）。

第六章　無縁社会と宗教的〝縁〟の形成

無縁社会はシングル社会

第五章では、東日本大震災という超越体験から、災害支援をめぐる宗教の関わり方について論じた。宗教の力は、神仏のような超越的存在から引き出されてくる力である。それは人間業を超える働きをなすことができる。本章では、場面を被災地から日常の場に移して、宗教の力と果たすべき役割について考えていく。今日、無縁社会と呼ばれる世の中であるが、これを宗教の力で〝有縁化〟できないものだろうか。

無縁社会とは、一人ひとりがいわば孤立し、ばらばらにされている社会である。要はそれをつなげることだ。人間関係があれば、人は孤独から救われる。そのつなぎの〝縁〟を宗教がどう提供するか。問われるのはこれである。

縁には決まった形態があるわけではない。それはどこまでも融通無碍《ゆうづうむげ》である。だとすれば、縁をつなぐにしても、従来の考えに囚われない、逆転の発想もときに必要である。宗教である以上、そのような発想は可能なはずだ。なぜなら、世間の価値観を常に乗り越えるところに、宗教の存在意義があるからである。

無縁社会はシングル社会である。シングルとはしばしば否定的な意味で語られる。実際それは未婚・非婚・離婚という形で、結婚して家族を形成する生き方と対比されたり、配偶者や家族と離別・死別して一人だけになった、消極的・欠損的な生き方として位置づけられたりしている。

地域社会はいまだ家族世帯単位の発想が中心である。地縁や血縁という意味での縁が強ければ強いほど、シングルに対して排他的な態度を取ってしまいがちだ。また、シングルのほうでも、あえてそうした縁を避けて自らの中に閉じ込もろうとする傾向がある。表札も出さず、マンションの一室に住んでいるシングルの人々は、老若男女を問わず、数知れず存在する。彼らには声をかけにくい。いや、それ以前に、人々は彼らの存在に気がつかない。現実にはシングル世帯は都市部を中心に、ますます広まる一方である。いずれ、シングルとしての生き方も当り前というような時代が来るかもしれない。いや、ある意味でもうすでに来ているとも言えよう。

シングルの中には、一部のフェミニストのように、強い自我を持つ確信派的シングルもいる。しかし昨今では、なんらかの縁に頼りたいのだけど、そうした縁に恵まれず、人々とのつながりの輪からこぼれ落ちてしまったという形で、シングルになっている場合が少なくない。マンションに一人ひっそりと住んでいるシングルも、もしかしたらそうなのかもしれない。彼／彼女らも若く元気なうちは仕事もあって、夜はただ自分の部屋に寝に帰るだけの生活をしてもよかった。だが、年を取って病気したりして初めて、その生き方が実は孤立や孤独と背中合わせのものだったことに気がつくのである。彼／彼女らはそこで、初めてシングルであることの陥穽に気がつく。しかし、その時には、人とどうつながっていけばよいか、もはや分からない状況になっている。本当は、人々とのつながりをずっと欲していたはずなのに。

単独者としてのシングル

そもそもシングルであるとは、一体どういうことなのか。宗教ならではの独自なシングルの思想について考え、世間一般のシングルの概念と対照させて考えてみたい。

どちらかと言えば、宗教は家族主義を助長する志向性を持っている。しかし、発想をここで逆転させ、宗教ならではのシングルの思想を取り出し、これを深められた意味で人と人とのつながりに関連させてみたいと思う。

よくよく考えてみれば、どんな人間でも自分は自分以外の何者でもないのだし、死ぬ時は自分の死を死ぬわけだから、その意味で誰もがシングルである。それは、実存思想で〝単独者〟と言ってきた概念である(1)。自分が自分自身であり、しかも真の意味で自分自身でなければならないという深い自覚に思い至った時、地位、名誉、財産、家族、健康など一切の外面的要素は背後に退いて行く。単独者とは、まさにそのような者である。そうした自分に向き合い、応答できるのは、神仏のような超越者のみである。何ものをも持たず、常にただ自分一人でしかありえない単独者がいるとすれば、その者こそシングル中のシングルである。誤解を恐れずに言うならば、それは〝ホームレス〟のような存在なのかもしれない。宗教者の〝宗教性〟には、どこかホームレスの〝ホームレス性〟にも通じるものが確かにある。だからこそ逆転の発想たりうるわけである。

現代のように無縁社会と言われる時代だからこそ、我々は逆に人間存在におけるこのシングル性（単独者性）に目覚めるべきではないだろうか。そして、そのことによって、無縁社会を宗教の力で〝有縁化〟するという課題解決に向けて、一つの方向性を示すことができるようにも思われる。それは、シングル同士でつながって行くことができる〝縁づくり（支縁）〟の場を作り上げることである。

誰もが皆シングル、すなわち単独者であることを自覚した時、人と人との交わりもまた、その根本はシングルとシングルとの交わりであることを知るだろう。なぜなら、自分という存在が自分以外の何者でもないと気がついた時（つまり自分のシングル性に気がついた時）、初めて他者もまたシングルとしてあることにも思いを致すことができるからである。

そこに開けてくる単独者相互の神秘に満ちた回路こそ、宗教的な意味での縁であると言えるであろう。

そのような縁は、この世的な価値観を超えたところから差し伸べられてくるという性格を持っている。いや、より正確に言うならば、あらゆる縁がそのような超越的性格を有しているのである。だからこそ、それは縁と呼ばれるのである。このようにして、縁の自覚は、人々の内なる宗教的自覚を覚醒させてくれる。

ここまで論じてくれば、特定の宗教という形を取らずとも、人がそれぞれの仕方で自らのシングル性（単独者性）を自覚し、その上での他者との神秘的なつながり（縁）に気がつくことによって、誰もが宗教的存在になりうるとは言えないだろうか。宗教的なものの本質は、単独者として生きるその内面性にこそ見出されるのである。

してみると、シングルは決して孤立した社会的弱者などではない。この生き方こそ、真に自己自身になることである。この気概を持つことから、人間として生きる活力も生まれてくる。また、自ら内面的に充実したシングル同士であれば、そこに充実したつながり（縁）もつないでいくことができるはずだ。宗教が作り上げるべきは、このような〝縁づくり（支縁）〟の場である。そしてそれは、宗教自身の新たな展開可能性を開拓することにもなりうるのである。

変容を迫られる宗教概念——無所属の宗教としてのスピリチュアリティ

単独者として生きる人は、その内面性において何らかの宗教性が存在することに気づいている。それは超越者とのつながりの感覚である。このつながりの中で、人は真に自己自身になることができるし、自らの人生を生きる活力も生まれてくる。

超越者とのつながりにおいて内面性が豊かな者であれば、お互いにそうした人間同士として形成できる関わりも充実したものになりうる。宗教の役割は、まさにこのような縁を人々の間に形成し、それに力を貸すことにある。

ここで大事な視点は、人がそれぞれの仕方で自らのシングル性（単独者性）を自覚し、その上での他者との神秘的なつながり（縁）に気がつくことによって、実は誰もが宗教的存在になりうるということである。そのように考えていくと、宗教の概念にも変容が迫られてくることになろう。

特定の宗教を標榜していなくとも、深い内面性・超俗性を感じさせる人がいる。とりたてて宗教的な勤行や修行はしていなくとも、その生き方において求道的な人も少なくない。救済について声高に説教しなくとも、社会のために黙々と尽くしている人は無数に存在する。そうした人々は、自ら意識しているか否かを問わず、実際、宗教的な人なのである。彼らと、単に宗教稼業をやっているだけの人と比較してみたら、一般の人々の目にどちらのほうがより宗教的に映るだろうか。職業的宗教者でなくとも、人は十分宗教的でありうるし、宗教家の看板を掲げていても世俗的な人は数多くいるのである。宗教における聖俗概念の〝脱構築〟が求められるゆえんである。

こうした考えが成り立つ前提は何であろうか。思うにそれは、信仰は個人において成立しうるもので、特定の宗教に所属することで信仰者になるのではない、というところにあるように思われる。現代人は決して宗教心を失ったわけではない。特定の宗教に拘束されたくないだけである。人々が宗教を警戒するのは、宗教者がアプローチしてきた時、同じ宗教教団への〝所属〟を迫ってくるからである。人々は自由な立場で信仰をしたい、宗教的には無所属でありたいのである。

そうした動きの現れとして、昨今のスピリチュアル・ブームを位置づけることができるだろう。ある意味で、宗教教団の拘束から解き放たれた自由な宗教性がスピリチュアリティであるとも言えるのである。それは特定の宗教の回路を通さず、自分の中で超越的なものと何らかの形で神秘的・人格的につながることを指す。

いわゆるスピリチュアル・ブームにはかなり怪しげなものも少なくないが、公平に観察すれば、終末期におけるスピリチュアルケアのほか、日常的にも各種セラピーやセルフヘルプ運動、またエコロジーの場面などでも体験される癒しや救いの自己物語として語られるものである。それはいわば〝無所属の宗教〟なのである。

スピリチュアル・ブームが静かに浸透しつつある現在、人々の側でスピリチュアルなニーズがあっても、特定の宗教はお呼びでないということになってしまう。人々が宗教の勧誘に対して、「宗教は結構です」とか「宗教は間に合っています」と断るのはなぜだろうか。いったん宗教に入ったら止められない（正確には止めさせてもらえない）、だから最初から近寄らないということも大いにあるだろう。

しかし、そうした消極的理由もさることながら、昨今のスピリチュアル・ブームの情勢に即して言えば、人々は自らの心や魂の救済や癒しは自前でやることができるし、それでもう十分だと思うところが大きい。宗教関係者は、そうした傾向を概嘆したり、スピリチュアルなものに「はまる」人々のことを批判するが、時代は確実に変化してきている。世俗的とされていた領域に、実は深い宗教性が潜んでいたりする。それゆえ、宗教と世俗という聖俗分離を前提とした従来の宗教概念では、新たな宗教的可能性を開拓することはできないのである。

また、宗教も社会現象として現れる限り、組織の刷新を時代に合わせて変えて行く必要がある。決まり切った儀式の繰り返しや、成立当初のまま旧態依然とした組織体制に固執していては、どんどん時代の動きから置いてきぼりをくらってしまう。基本的な信仰箇条だけを守れば、後はいくらでも改変できるし、そのように改変して行かなければ、そのまま過去へと押し流されていくだけであろう。

新たな宗教的人間関係の模索

人々の間に宗教離れのメンタリティが広まってきた以上、宗教者の側もまた従来型の布教伝道とは異なるアプローチを取ることが必要になる。人々の救済を進めるにあたって、自教団への〝所属〟を求める発想一点張りから、脱皮していくことも考えてよいのではないだろうか。少なくとも〝縁づくり（支縁）〟の営みは、そうした自己への同化型仲間作りではありえない。

〝縁づくり（支縁）〟を行うにあたっては、宗教者が実存的な単独者としてスピリチュアル（精神的＝霊的）に独り立ちしているかどうかが一つの要となってくる。その上で、単独者相互での人間的つながり（縁）が形成されるのである。縁には、血縁や地縁、社縁、友人や趣味などの縁だけでなく、宗教的縁もまた存在する。この宗教的縁を通じて、スピリチュアルに成熟した人格的相互関係が可能になる。それは、教団への〝所属〟には直接つながらなくとも、やはり宗教を通じた縁なのである。

ここで宗教者に反省的に問い返されるのは、宗教的な人間関係論の課題である。聖俗概念を脱構築した宗教性、スピリチュアリティの普遍性を前提とするならば、宗教教団の中においてもまた、従来のあり方が通用しなくなることが予想される。

第三章で述べた霊（精神）的な〝共働態〟は、共に単独者としての精神的＝霊的自覚を持った者同士の縁で結びついたあり方を取る。それは開かれた共同的交わりである。スピリチュアルな成熟において、一般信徒（信者）が指導的立場にある者を追い越し、高次な境地に到達することもあるだろう。その中でより信仰を深める者もいる一方で、そこから一人立ちしていく者も出るかもしれない。

それを可能にする根拠は、宗教者であることは宗教的地位や肩書にあるのではなく、人は誰もがその内面的本質において宗教者なのだというところにある。そうした互いに自主独立した人格的な交わりこそ宗教的な縁であり、その縁の最たる存在こそ、宗教的共同体としての宗教教団なのである。ただし、その中で霊（精神）的共働性が生き生きと躍動していることが条件であるが。

仏教で言う理想世界は、仏国土とも言い換えることができる。仏国土では、助け合いの人間関係のネットワークが縦横に張られている。しかし、そうした仏国土は一朝一夕にはできるものではない。それは、まさに我々の身の回りのエン（縁）パワーメントから始める必要がある。そのエン（縁）パワーメントはどこから来るものだろうか。

超越者とのつながりにおいて内面性が豊かな者であれば、お互いにそうした人間同士として形成できる関わりも充実したものになりうる。人は誰もが単独者なるがゆえに、宗教の役割は、まさにこのような縁を人々の間に形成し、それに力を貸すことにある。単独者として生きる人は、その内面性において何らかの宗教性、すなわち超越者とのつながりの感覚が存在することを自覚している。このつながりの中で、人は真に自己自身になることができるし、自らの人生を生きる活力も生まれてくる。人はそれぞれの仕方で自らのシングル性（単独者性）を自覚し、その上での他者との神秘的なつながり（縁）に気がつくことによって、実は誰もが宗教的存在になりうるということである。そうした互いに自主独立した人格的な交わりこそ宗教的な縁である。

この宗教的な縁づくりの一事例として、私自身も関わっている「支縁のまちネットワーク」がある。(2)これは、宗教者が宗教研究者とも共働しながら、宗教者による新たな「町興し」「地域作り」を目指すべく二〇一一年一月に発足した、ゆるやかなネットワーク型の超宗派的な組織である。宗教系のNGO・NPO組織は数多く存在するが、それは宗教別・教団別に組織されている場合がほとんどで、教えの違いを超えてネットワークを組むということがあまりなかった。支縁のまちネットワークにコミットする宗教者たちは、普段は地元で地道に社会活動を行う過程の中で、どんな人々の心にも存在する宗教性・スピリチュアリティを通じて、新たな「縁」を縦横無尽に紡いでいくような活動を心掛けている。これもまた一つの霊（精神）的共働態（ソボールノスチ）のささやかな運動ではないかと理解している。

ソボールノスチのあり方を平たく表現すれば、「複数宗教経験」ということにもなろうか。宗教社会学者の濱田陽は、複数宗教経験を定義して「自らの宗教（無宗教）に根ざしながら、必然的に他の宗教・無宗教に関わり、その過程で相互の限界を乗り越える、継続的な経験の総合」と述べる。[3] どんな人も自らの宗教ないしは無宗教によって生きていけばよい。しかし、世の中で生きるためには、どうしても他の宗教（者）や無宗教（者）たちとも関わっていくことが求められる。いや、自らの宗教ないし無宗教に生きることは、そのまま他の宗教（者）や無宗教（者）との関わりへとつながるものとなるはずだ。他者との相互交流を図ることによって初めて、人間として成熟することができ、また社会のあり方も相互信頼的なものとなっていくだろう。濱田は、現代のような宗教多元的な時代では、社会貢献の基礎に複数宗教経験のような開かれた考え方が不可欠であると、主張している。

我々は、誰にでも同じように共感できるとは限らない。それでも複数宗教経験を意識的に積み、それによって自らの共感力を上げ、そのことによって、今まで見落としてきた「共感できない他者」の姿も見えてくることがあるだろう。そうした人々を我々の周囲に発見することが大切である。それは潜在的な縁の発見であり、新たな結縁ともなる。我々はご近所に誰が住んでいるか知っているだろうか。ご近所とは、物理的な意味での自分の家の近所だけではない。学校のクラスメート、会社の同僚、昔の同級生たちの間も、広い意味でのご近所である。知っているだけではない、あるいは知られざる誰かがそうしたご近所で、我々の助けを求めているかもしれないのである。

日本人は、できることなら人のためになりたい、手助けしたいと思う人の割合は少なくないはずである。でも、支援を受けることに対しては、どこか抵抗があって遠慮してしまうところがあるように思われる。その意味で日本人は「助けられ下手」なのかもしれない。でも、心の中では、自分がどういう時に・どういう仕方で援助されたいかは、知っているはずだ。そして、「助けられ上手」ならば、助ける人をそのように誘導できるコツを持っているかもしれない。また、助けられる人は、自らがそのように助けられることによって、助ける人を助けているのである。「複数宗教経験」としてのソボールノスチの発想は、そのような「助け合い」の社会をスピリチュアルな次元で目指すものと言えないだろうか。

(1) 単独者という概念はキルケゴールに由来する。彼は神にただ一人立つ人間のあり方として単独者という言葉を刻印した(『わが著作活動の視点』、田淵義三郎訳、白水社著作集、第十八巻、一六二頁)。この概念は彼の宗教的著作における鍵概念となっている。

(2) 支縁のまちネットワークについては、大谷栄一・藤本頼生編著『地域社会をつくる宗教』(明石書店、二〇一二年)より、「第五章　支縁のまちネットワーク(宮本要太郎)」を参照。

（3）稲場圭信・櫻井義秀編『社会貢献する宗教』（世界思想社、二〇〇九年）より、「第三章　宗教性の行動と相互信頼社会（濱田陽）」を参照。

第七章　宗教の〝世直し力〟を再考する

有縁社会・無縁社会・結縁社会

第六章では、無縁社会における宗教の力と役割について述べたが、本章ではさらに社会構造の変革にまで迫る宗教のあり方について、「世直し」という観点から考察を深めることにしたい。東日本大震災の被災地も本年（二〇一八年）で七年目を迎え、いまだ尾を引く福島第一原発事故の影響もあるが、多くの人々は日常生活へと戻るべく復興の歩みを続けている。被災者への支援活動も、最初期の瓦礫《がれき》撤去や物資配布などの緊急支援から、生活再建に向けての復興支援、そして今や町興しや地域見守りなどの日常支援に続いている。この日常支援というのが、まさに「支縁」という言葉で言い表すにふさわしい援助の活動になるように思う。

非日常的事態とは、大きな災害や事故の際、突如として出現する事態である。こうした緊急事態の中で、お互いが着の身着のままで逃れてきた時、そこでは人と人との「垣根」がいわば取れた状態になる。そこでは人々は決してパニック状態にはならず、むしろ逆にお互いに打ちとけて、助け合いの気持ちになる。ノンフィクション作家のレベッカ・ソルニットは、『災害ユートピア』(1)の中で、そのような状況を克明に描いている。

しかし、日常というのは、人と人との間に再び「垣根」を築いてしまう状態でもある。これは、落ち着いた私生活を大切にしたいという、日常回帰へのごく自然な流れから帰結するものである。けれども、その「垣根」を越境して、心を通わせる勇気を持つ必要がある。それが結縁社会になる。〝災害ユートピア〟があるのならば、〝日常ユートピア〟があってもよい。いやむしろ、我々は積極的にそのような日常ユートピアを建立していくべきであろう。そのためにも、自分の身の回りの日常を点検してみる必要がある。「縁」という言葉を用いて、このことについて考えてみたい。

伝統的な日本社会は、「有縁社会」であった。これは、地縁・血縁をベースとした共同体社会である。そこでは代々伝統の継承も行われるが、その一方で、よそ者を排除するようなところが見られたり、ときとして息苦しさを感じさせることもある。そもそも共同体は自己完結的性格を持ち、この性格は別な側面から見れば閉鎖的・排他的だということである。今ではかなり崩れつつあるが、日本の会社なども、一種の共同体のようなものだった。社会福祉ならぬ会社福祉という感じで、会社が定年まですべての面倒を見てくれる代わりに、サラリーマンは会社に献身的に忠誠を尽くすという関係があったのである。

現代の日本社会は、「無縁社会」と形容される。無縁社会とは、人と人とのつながりが希薄になった結果、お互いを〝無縁〟と見なしてしまう社会のことである。この言葉は、二〇一〇年一月に放送された同題のＮＨＫの報道番組をきっかけに人口に膾炙《かいしゃ》されるようになった(2)。日本ではその年の夏、住民票はあるのに所在が不明な「消えた高齢者」問題が取り沙汰されていた。そして年末から二〇一一年初頭にかけては、児童養護施設にランドセルなどをひそかに寄贈する「伊達直人（タイガーマスク）現象」が起こっていた。

無縁社会とは、地縁・血縁が希薄な都市化・個人化社会を指す。そこでは、人々はそれぞれ自由な生き方ができるが、その一方で失敗しても、誰かがかばってくれるわけではなく、原則どこまでも自己責任で行わなければならない。人との縁にあぶれることは社会的孤立を意味し、そこから孤独死に至ることだってありうる。それもまた自己責任とされてしまいかねない。

これからの日本社会は、「結縁社会」の方向にかじ取りしなければならない。「結縁社会」とは既存の縁を越境して再度つながる有縁社会と言ってよい。「結縁」という以上、いったん縁が切れた無縁社会を経由したものである。昔ながらの血縁・地縁による有縁社会に戻ることでは、決してない。そのような時計を逆戻しにするようなことは、そもそも不可能であろう。

「結縁社会」を作るためには、「縁」を支える担い手が必要である。無縁社会の現象は、我々の身近なところでぽっかりと出現している。この無縁社会に宗教者が注目している。その理由は、大きく二つあるように思う。

第一には、地縁・血縁など伝統的・共同体的つながりが解体していることへの危機感があったことだ。日本では、伝統宗教であれ新宗教であれ、その良し悪しは別として、宗教は個人の宗教というよりは、むしろ家族の宗教であった。だから、社会の無縁化にあって、宗教もまた自らの存立基盤が崩れていくことへの危機感を抱いたからである。

第二には、宗教とりわけ仏教においては、縁という言葉そのものがなじみ深いものであった。無縁という言葉は、誰も祀る者がいなくなった死者に対して、無縁仏、無縁墓地という形で言うものだった。しかし、生きている人まで「無縁化」していることに、我々は衝撃を受けたのである。

その一方で、無縁という言葉は決してマイナスの意味ばかり持つものではない。むしろ宗教的にはプラスの意味合いのものでもある。つまり、あらゆる既存の縁を越境することにより、この世から自由になることで、この世に自由に関われる生き方こそ、無縁の持つ肯定的側面となる。そのような存在こそ本来的な意味での宗教者ではないだろうか。そのような立場に立つことができるのは、神仏という超越的存在の回路を持っているからである。そのことにより、人々に自由に関わることができるのである。それは、人々に超越的存在へと媒介させていくことでもある。宗教者は二つの世界を往復することができる存在である。そして、我々は誰もが自分なりの超越的存在の回路を有している。我々は誰もが潜在的宗教者なのである。

現在も、無縁社会の問題が続いていることには変わりがない。しかし、二〇一一年三月十一日の東日本大震災以降、国民の間では、この未曾有の大災害の被災者への支援に皆で力を合わせるべく、「人々の絆を今こそつないでいこう」という声が各方面で上がってきている。そうした縁や絆への気づきや呼びかけが今後、被災地以外のところでも広範に及んでいくかどうかで、日本における無縁社会の問題解決にもつながってこよう。

この東日本大震災に際しては、多くの宗教は教団規模、教会・寺院単位で、あるいは個人レベルで、さまざまな救援・支援活動を行ってきた。その活動の基盤には、いずれも、たとえ自分と何の関わりがなくとも、苦難に遭遇した人々を「たすける」べきだという教えが存在している。

人間を「たすける」ことの内には、主として福祉が関わる形而下（日常生活）の「救援」と、宗教ならではの関わりが問われてくる形而上（精神的＝霊的生活）の「救済」がある。ただ、これはあくまで便宜上の分け方であって、実際には両者はダイナミックに連動している。一例を挙げれば、無縁社会において最も窮乏しているのは、一人暮らしの高齢者であるが、何らかの理由で断ち切られた彼らの人間関係を再びつなぎ、新たな縁を結んでいくことによって、生活面では孤立死を防ぐとともに、精神面＝霊的な面では孤独感も解消され、生きる気力も養われることになるのである。

宗教の「たすけ」は、一般的に言って精神的＝霊的意味での「救済」を目指すものだとされるが、実際にはそうした「救済」もまた、生活面での「救援」との関連で進められるものである。そういう意味でも、宗教者は積極的に無縁社会の問題に関わるべきなのである。

問われる宗教の「世直し」力

ここまで考えた時、宗教が社会に対して有する存在意義もあらためて考え直されることになろう。ここで問われているのは、無縁社会をいかに結縁社会に変えていけるかという、宗教の「世直し」力である。

世直しとは、地ならしや均分に通じる世ならしであるという見方がある。(3) この理念を明確かつ具体的な政治目標として設定し、有効な手段に訴えていけば、貧富貴賤が無く、誰もが豊かで平等な世の中を実現していくことができるであろう。しかし、近代以前の日本の社会ではそのような目標設定や手段採用までに意識が及ばず、いわゆる世直し一揆にあっては、目の前の困窮をともかく解決しようと「打ち壊し」ばかりが行われた。また、そこにはしばしば宗教的権威が求められたが、これに依存しすぎると、社会変革的契機が希薄になってしまう。その典型的現象が、比較的裕福な畿内や西日本で流行したおかげ参り、おかげ踊りであった。ここにも世直し的契機はあるものの、それは「世直り」という言葉で表現されているところに特徴がある。民衆が踊ることで神を勇ませ、神が勇んでくれることによって、村は豊年満作となり、世の中もうまく治まっていくというわけである。確かに宗教的形態を取った民衆の解放運動とも受け止められようが、神頼みになることで民衆の主体性はむしろ逆に後退しているように思える。

ただし、「世直し」や「世直り」を歴史的文脈から引き離し、その本義に立ち返って考え直した時、それは人間の内面的革新から発し、文明の転換にまで射程を持つ。社会の構造を内側から変革するのが、その基調にある。お上に頼るという人任せの発想からは「世直し」も「世直り」も決して起こらない。古来より、人々は自分たちの力で世直しをしようと立ち上がってきた。時代は変わっても、その気概は我々の中に脈々と伝わっている。世界の高山や高地ではなく、谷底や窪地の境遇にある立場からこそ見えてくる境地もある。歌舞伎などで役者が舞台の上に下の方から上げられる仕掛けを「せり上げ」と言うが、同じように社会の周辺や谷底にいる人たちが、社会の表舞台にせり上がってくる。そして、こうした谷底から高山や高地へと逆流を起こさせる運動も出てくる。そうしたことを身をもってなしうるのが、宗教者ではないだろうか。これが「民衆力」として、民衆宗教の力になる。これが草の根の民主主義である。

今でこそ、伝統宗教と新宗教という区別が出来てしまっているが、もともとは今ある伝統宗教だって、出発点はどの宗教も皆新宗教であり、民衆宗教だった。民衆と大衆とは異なる。大衆はマス、つまり人間のかたまりのことである（エリートも金持ちもすべて含まれる）。しかし、民衆はかたまりにならない。一人ひとり異なる思いと感情を持った存在である。宗教はどんな宗教であっても、一人ひとりの人間を大切にする。だから、大衆宗教というものは存在せず、あくまで存在するのは民衆宗教である。

民衆宗教の教祖たちが取ったのは、この内側からの「世直し」であった。中山みきは、数え唄形式で説かれた『みかぐらうた』の中で、「世直り」という言葉に言及している。そこでは「三ッみにつく四ッよなほり」と歌われる。この部分は従来、心と力を尽くして真実の徳分を身につければ、このことを通じて世の中が新たに更新されるという意味に解されることが多かった。つまり、あくまで自己の〝心の入れ替え〟によって自ずと世界が〝立て替わる〟のであって（だから「世直り」という）、政治や経済はじめ社会に直接働きかけて「世直し」するのではないというわけである。

しかし、「心を入れ替えれば世界が自ずと変わる」という受け身的な解釈に固定されてしまうと、せっかくの中山みきの思想の持つ積極的な社会変革的契機を失わせてしまう恐れがある。なぜかと言えば、上の二首のあとに積極的な社会変革的内容が続くからである。「五ッいづれもつきくる（来る）ならば六ッむほん（謀反）のねえをきらふ（根を切ろう）　七ッなんじふ（難渋）をすくいあぐれば　八ッやまひ（病）のねをきらふ（根を切ろう）」とある。ここでは、誰もがこの教えに付き従うならば、神は力強く積極的に、この世の謀反や難渋や病気の根を断ち切っていくのである。神のメッセージは明らかに、不平等な世の中、さまざまな不幸せに満ちた世の中を変革していくことが大切だと訴えている。みき没後、近代とともに天理教という巨大教団が形成され、その教団に所属することで陽気暮らしが実現されるということで布教伝道が行われたが、みきの真意はむしろ社会へとまっすぐに向かう積極的な関わりにあったように思う。

未来から来る宗教の救済力

本来的な意味での救済を行うのは神である。救済は神の業の領域にあり、この救済を我々人間が引き出すもの、これが相互扶助、支援・救援という意味での「助け合い」なのである。社会活動は、神ならではの救済を引き出すための導火線なのである。助け合いの輪を社会全体に及ぼしていくためには、何よりもこの私自身がその出発点としてこの車輪を回転させていかなければならない。これが社会変革をもたらす希望の力となる。希望とは、未来を自分のところに来させようとする現在の姿にほかならない。

希望は単なる期待ではない。期待は受け身で、しかも傍観者的である。希望とは、まず自分に対して持つものである。そうしてこそ、初めて希望が本来の能動的で主体的な姿を持つことになる。上から社会を改革してもらうことを待っていては何も始まらない。そういう受け身の姿勢は英雄待望論的になりがちである。そして、たいていそんな時に限って、大衆扇動的な政治家が出てきて、かえって危険なものだ。そうではなく、世の中の問題に気がついた人間から、じわじわと自らを押し上げ、せり上げていかなくてはならない。希望の実現には、自分自身で主体的に考え行動することが必然的に伴う。

人間にはそのような希望が、実は本質的にある。人間とは「希望する人homo esperans」（エーリッヒ・フロム）という定義もあるぐらいである。心が深く傷ついたことは、しかしそれをさらに反転させればより深められた希望になるし、それがさらには支援の力にもなるのである。排除されているという負のエネルギーは、社会を変えていこうというプラスのエネルギーに転化する。人間はそれだけの回復力を持っているのだし、そのためのエネルギーなら、超越的存在はこれを無限に供給してくれるのだから。

生存がいかに悲惨や苦悩に満ちていたとしても、それを究極的な未来から救済論的に意味づけることができる。どんなに現実に打ち砕かれても、自らの生を未来から超越的に位置づけるならば、それは新たな意味世界の経験とならないだろうか。ここにもまた逆説が存在する。人間は宗教的信仰を通じ、救済の可能性を無限に羽ばたかせることで、過酷な現実を乗り越えていくことができるのである。想像力は人間を現実から解放する自由の〝創造力〟でもある。

宗教者の出番はどこに

阪神・淡路大震災の際もそうであったが、東日本大震災の場合もその発生直後から、伝統宗教・新宗教を問わず、宗教者たちはさまざまな救援活動を展開した。その活動内容はと言うと、瓦礫撤去や炊き出し、募金や救援物資の配布活動など、一般のボランティア活動と\u3068くに差のない援助が多かった。ここに第五章で述べた山折哲雄の批判もあったわけであるが、山折が見落としているのは、実はそうした援助こそが喫緊に求められているものだったということである。それは、宗教者であるなしにかかわらず、人の苦難を黙視できず、内側から湧き上がってくる思いである。これこそ、人々の内なる宗教心の発露である。

だから、宗教者の活動が一般ボランティアと似ていると言うべきでなく、一般ボランティアの活動が宗教者の活動に似ていると言うべきである。ここに職業的宗教者としての特権的地位は存在しない。そもそも、民衆宗教というものの本質には、職業的に宗教をしているかどうかという、外面的相違は相対的なものにすぎない。心のケアも宗教者ならではの救援だと言われるが、それもあまり関係がない。自分なりに超越的存在の臨在を感じている人であれば、誰もが可能な心のケアがスピリチュアルケアともなるのであって、実際はそうした動きもすでに行われている。なぜなら、心の問題は、その人を取り巻く人間関係、社会関係、物的・経済的関係の中で起きるからである。人間が人＝間、すなわち共同存在である限り、心のケアは本質的には誰もが行いうるものであって、もしかしたら特権的な心のケアの担い手はいないとすら言えるのかもしれない。

宗教者であることは宗教的地位や肩書にあるのではなく、人は誰もがその内面的本質において宗教者なのである。現代人は決して宗教心を失ったわけではない。特定の宗教の信仰者でなくとも、誰もがそれぞれに自由な宗教性を持っている。それは特定の宗教の回路を通さず、自分の中で超越的なものと何らかの形で神秘的・人格的につながるものとなる。これがしばしばスピリチュアリティ（霊性〔精神性〕）と呼ばれるのである。

あえて特定の宗教の信仰者という意味での宗教者の心のケアに優位点があるとすれば、宗教者は自ら信奉する教えに基づいて生きる意味を提示することができる。悲哀や喪失感のために、被災者が生きる意味や生きがいの獲得を求めるものがある時にこそ、宗教者ならではの出番も出てくると言える。人間が人間らしく生きるためには、生きる意味、生きがいへの問いが必然的に伴うからである。宗教者には神仏という超越的な監督責任者《スーパーバイザー》が常に顕在的に背後についてくれている。宗教者による心のケアが底力を発揮できる時があるとすれば、この超越的スーパーバイザーがしっかりと働いてくれた時である。これを、宗教者が自分の力量だと慢心してしまっては、すべては台無しになってしまうだろう。

人は、穏やかな人間関係、社会関係の中でこそ、生きる意味を確認し、そして癒されていく。宗教者もまた生活者である。ともに同じ生活者として関わることによって、当座の支援に終わらない、息の長い世話取りを行い続ける活動の基盤を見出すことができる。その意味で、宗教者は長期にわたる人生の伴走者になる必要があり、そうした覚悟が求められる。

これが〝縁づくり（支縁）〟の活動である。縁には、血縁や地縁、社縁、友人や趣味などの縁だけでなく、宗教的縁があり、それは共にスピリチュアルに成熟した人格的相互関係として存するものである。そうした縁はやはり宗教を通じた縁なのである。したがって、それは自らの宗教へと一方的に誘導する同化型仲間作りなのではない。むしろそれは、共に単独者としての精神的＝霊的自覚を持った者同士の縁で結びついたあり方、すなわち開かれた霊（精神）的共働態となるのである。

超越者とのつながりにおいて内面性が豊かな者であれば、お互いにそうした人間同士として形成できる関わりも充実したものになるだろう。宗教の役割は、まさにこのような縁を人々の間に形成し、それに力を貸すことにある。なぜなら、人は誰もが本質的には単独者《シングル》だからである。単独者として生きる人は、その内面性において超越者の臨在とそのつながりを自覚している。このつながりの中で、人は本来的な意味で自己自身になることができるし、そこから自分自身の人生を生きる活力も生まれてくる。人はそれぞれの仕方で自らの単独者性を自覚し、その上での他者との神秘的なつながり（縁）に気がつくことによって、誰もが霊（精神）的共働態に参入することができる。そうした互いに自主独立した人格的な交わりこそ、現代に最も強く求められる宗教的な縁であると言えるだろう。

自己展開する縁――「善の循環」台湾の慈済会の場合

ここで、宗教的縁を媒介した縁の展開例として、台湾の仏教系ＮＧＯの慈済会（財団法人仏教慈済基金会）による「善の循環」を紹介しておきたい(4)。この思想理念は、無縁社会の解決を目指す契機を有している。

慈済会では「無縁大慈、同体大悲」という表現がよく使われる。無縁大慈とは、無縁の者にも大きな慈しみをかける大きな愛（大愛）のことであり、同体大悲とは、同じ体であればどこが痛んでも自分の痛みとして感じるように、衆生の苦しみを自分の苦しみとして受け取るという意味である。つまり、この理念において、〝無縁〟を〝有縁〟化する思想が語られている。そして、そのような働きを行う者は皆、

「人間菩薩」である。

仏の目から見れば無縁の者はそもそも存在しない。無縁の者でも仏の大きな慈悲心で包めば、すべてが有縁の存在となる。この慈悲の精神は、儒教の仁愛、キリスト教の博愛ともつながる。この精神を有するならば、誰もがお互いに関わり合う存在であることに気がつかざるをえず、その際に人々が持つ心は大きな広がりを持ってくる。慈済会の活動は、こうした基本理念に基づく仏教ヒューマニズムの展開である。その思想は、設立者で現代表である證厳法師が繰り返し説く「仏法生活化、菩薩人間化」の具現化にほかならない。慈済会の個々のボランティア活動も、また大規模な「志業（ボランティア事業）」も「人間仏教 Humanized Buddhism」の実践的展開なのである。

「善の循環」は、慈済会が描いている理想社会の理念である。たとえ悪しき因縁因果の連鎖があっても、自分のところでそれを断ち切って善の縁につなぎ換え、さらに悪縁を良縁に転換することで、人間世界を織り成す因縁因果の「縁」を全体として「善」が循環する姿に変えていく。これは人間菩薩の再生産という絶えざる運動のことであり、その中で菩薩ネットワーク（菩薩網）が形成される。

この循環運動は、次のような拡大再生産過程である。すなわち、自ら発心して菩薩道へと目覚めた人が慈悲喜捨の実践を行えば、それにより多くの人々が助けられる。その助けられた人が今度は、自らも菩薩道に目覚め、多くの人々を助ける。そしてここでも、助けられた人が発心して慈悲喜捨の実践を行う。これは外的な実践面での循環にとどまらず、心の内面における循環的展開でもある。つまり、菩薩行の利他的実践により、これを実践する者の「仏性」が磨かれ、自らの「仏性」がそのように磨かれるなら、なお一層その人は菩薩行に励むことになるのである。それは「救援」と「救済」との一体化した展開であると同時に、仏縁が自己展開していく循環の姿でもある。

「善の循環」による無縁社会の突破

無縁社会が解消され、良き縁へと人々を結んでいく結縁社会への道筋も、この「善の循環」の中に垣間見ることができる。つまり、困窮している人々の間に積極的に分け入り、縁作りのために力を貸せば、そこで新たな縁を得た人が、今度は別な人の縁を生み出し、またその縁を支えていくことになる。そして、人々の間に「たすけ心」を喚起し、人間相互の助け合いの世界を現出させる。無縁社会を脱するための急所は、まさにここにある。これが宗教者による草の根の「世直し」につながっていくのである。

慈済会の日本支部では、現在、定期的にホームレス支援が行われている。それは炊き出しや防寒具などの支援物資の配布などが主であるが、特筆すべきはホームレスの人々に貯金箱を渡して、災害被災者などへの義援金を募っていることだ。これは、一方的に助けられる側であるにとどまらず、自分たちもまた他の人々をも助けることができる存在なのだという自覚を促す狙いがある。実際そうした活動を通じて、ホームレスの中から熱心な慈済ボランティアも出現している。

なお、ここからも分かるように、慈済会の「善の循環」過程は、NGO団体としての慈済会それ自体の拡大再生産とも重ね合わされている。つまり、慈済ボランティアが救援・支援活動を行うことで、その活動を通じた人々のネットワークが地域で広がり、また同時に新たなニーズと人材発掘が行われる。そして、この活動で助けられた者、あるいは活動に接した者が慈済会へ加入し、自ら慈済会メンバーとして熱心にボランティアを行うようになる。そして、その中で慈済会を核とした救援ネットワーク、すなわち菩薩ネットワークが形成されていくのである。慈済会は、こうして積極的に社会の動向やニーズに的確に対応しながら活動を展開し、組織を拡大してきた。とりわけ台湾においては、民間NGO団体として圧倒的なシェアを占めている。

ただ、別な側面から見れば、「善の循環」が慈済会への活動へと人々を取り込んでいくことにより、救援活動を通じての布教活動にも似た現象が出てきていることも否定できない。慈済会では、仏教の宣伝はしないとは宣言しており、またあくまで社会貢献のNGOであると称しているが、実際には独自な文化や団体精神を有する慈済会の入会促進、または慈済精神による指導が行われているのである。そうした問題で、台湾でも支援を受ける側の間に軋轢《あつれき》が生じているが、慈済会がこれをどう解決していくか、私は注目しているところである。

（1） レベッカ・ソルニット『災害ユートピア——なぜそのとき特別な共同体が立ち上がるのか』（高月園子訳、亜紀書房、二〇一〇年）。原題は*A Paradise Built in Hell*（地獄に打ち立てられた天国）。ソルニットは、ロンドン大空襲、メキシコシティ大地震、9・11のテロ事件、ハリケーン・カトリーナ等の大事件や大災害を取り上げ、ステレオタイプなメディア報道に曇らされない被災者たちの助け合いの姿を活写し、この助け合いを日常生活に活かせないかと提案している。

（2）NHK「無縁社会プロジェクト取材班」編著『無縁社会――〝無縁死〟三万二千人の衝撃』（文藝春秋、二〇一〇年）参照。実はこれに先行して「孤独死」をめぐる取材と報道をNHKはしていたのだった。NHKスペシャル取材班・佐々木とく子編著『ひとり誰にも看取られず――激増する孤独死とその防止策』（阪急コミュニケーションズ、二〇〇七年）参照。

（3）庄司吉之助『世直し一揆の研究』（校倉書房、一九七〇年）、三四八頁。世直しの思想については、『日本思想大系58　民衆運動の思想』（庄司吉之助・林基・安丸良夫校注、岩波書店、一九七〇年）を参照。

（4）慈済会は会員四百万人以上を擁する世界最大の仏教NGOである。その活動には、慈善・医療・教育・人文の主要四志業（事業）に、国際救援・骨髄バンク・環境保護・地域ボランティアの四つを加えた「四大志業八大法印」がある。金子昭『驚異の仏教ボランティア――台湾の社会参画仏教・慈済会』（白馬社、二〇〇五年）参照。

第八章　宗教的生命倫理の共有概念「いのち」

日本の宗教が共有する「いのち」の概念

第五章から第七章までは、主に社会的存在としての宗教と人間の関わりについて論じてきたが、本章では同じく社会的存在としての宗教が、社会に対して何を発信できるかという点に着目し、とくに宗教の有する生命倫理について取り上げることにする。

宗教的生命倫理は、それぞれの宗教の教理的根拠から、人間の生死や病気治療、先端科学技術とその応用に関わる倫理的判断を行う。しかしだからといって、どの宗教の経典にも生命倫理の具体的論点や指針があらかじめ書き込まれているわけではない。今日の多くの生命倫理の問題は、宗教にとっても想定外のことである。埃をかぶったような経典の一節を持ち出し、これに強引に現代的解釈をほどこしてみても、一般の人々には決して説得力を持つには至らないだろう。それよりも、当該の生命倫理の問題に直面し、当代の科学的知識を逸脱せず、また一般社会良識の視座を見失うことなく、最終的には自らの拠って立つ宗教的信念に従って判断を下すことが求められる。

その意味において、宗教においても科学技術リテラシーが必要となってくる。現在、多くの宗教教団には教団付置研究所が設置され、それぞれの宗教の教えに基づく生命倫理の研究がなされている。さらにまた、こうした研究所の横の連絡組織である教団付置研究所懇話会にも生命倫理研究部会が設けられ、相互に共有できる宗教倫理の可能性について討議を重ねてきた(1)。

日本には宗教的寛容の伝統があり、その点で明快な原理原則を主張する欧米的な宗教観とは異なる性格を有する。日本人は無宗教とも言われるが、宗教的感性は古来培われてきている。その宗教的感性に訴えるのが、いのちという言葉であり、そうした意味で日本のどの宗教も「いのち」という概念は共有できるものとして有しているのである。

人間の生命は生物学的生命だけに止まらない。社会的生命もあれば精神的生命もある。死後も生きる生命は霊的生命である。霊的生命は永遠の生命である。この霊的生命においては、死もまた含まれるものである。それゆえ宗教の生命観は死も含めた死生観でもある。このような生命は人間ならではの生命であり、それは「いのち」という言葉で現される。いのちはそれゆえ宗教的生命である(2)。

いのちとは、何より第一義的には神仏から授かった賜物である。いのちの尊厳性はここに根拠を持つ。それは死をも含み込むがゆえに、人間のいのちは現世のこのいのちを超えて、永遠のいのちにつながる。

それは同時に、すべての生命ある存在とつながる。すなわち、いのちは万物のいのちと共生するのである。

人間のいのちは決して単独では完結せず、諸々の縁によるいのちのつながりの中にある。いのちの縁は三層構造を有している。身体面から見たいのちの縁は、遺伝子・血でつながる肉親の縁である。心理・社会面でのいのちの縁は、子育てによってはぐくまれる育ての縁である。霊や魂の観点から捉えられたいのちの縁は、神仏（超越的存在）が媒介して結ばれる宗教的な縁となろう。

この霊魂の縁こそ、あらゆる縁の基層にある「いのちの縁」とも言うべきものであって、この縁では、人間である限り、誰もが皆つながっているものである。多くの宗教はそれぞれの仕方で、神仏を究極の親と見立てているが、そのようにして見られた神仏からすれば人間は皆神仏の子であり、したがって、どんな人々も自分の兄弟であり姉妹である。多くの宗教のいのち観は、このようにして人類全体に及ぶ広がりを持ったものである。そして、人間は一代で終わるのではなく、類的存在として存続することにより、新しい生命は人類の一員になる。たとえ自分自身の血を分けた子供がいなくても、個人の出生は人類にとって意義のある出来事なのである。

人間は、最初から人間になるべくして、人間として生まれてくる。人間の胚や胎児にも尊厳があるのは、いまだ人間として生まれてはいないが、人間となるべき潜在的可能性をそこに秘めているからである。人間とは、すでに単独の種（ヒト）であることで、出発点からして人間なのである。人間が人間である限り、どの人間も人類の一員であり、そこに人間性humanityの存立根拠もある。そこでは、自分たちの仲間であるという認識が人類規模まで拡大している。この人間性の思想を生命という視座から見たものが、いのちの縁による人間学を構成することになろう。

いのちの尊厳からいのちの縁へ

生殖補助医療において強調されるのは、血や遺伝子でつながる生物学的な生命のつながり（いわゆる血縁）である。これもいのちの縁には違いないが、宗教にとっては、血縁は数多く存在する「縁」の小さな一部分にすぎない。

宗教の立場からすれば、遺伝子や血のつながりを絶対化すること自体、一種の「偶像崇拝」ではないだろうか。この囚われから人々の心魂を解放し、その決断に神仏の教えから力を添えることこそ、宗教の社会啓発的かつ臨床的な役割があるように思う。そしてそのためには、この問題に携わる宗教者自身が、何よりも生殖に対する囚われから解放されていなくてはならないだろう。「家」の存続を絶対化することも、やはり「偶像崇拝」にほかならないからである。

たとえ遺伝子や血のつながりがなくても、より深い視点で言えば、いのちの縁は親子・兄弟姉妹の縁として結び、育んでいくことができる。それは心理的・社会的な意味でのいのちの縁を養うことである。この視座は、一家庭内だけでなく広く社会へと拡大させることが可能である。先述の神仏と人間を〃親子〟関係に見立てる考え方に素直に従えば、誰もが自分の兄弟姉妹と見なすことができる。してみれば、どの老人もまた自分の親や祖父母であり、どの子供も自分の子や孫と見ることができるだろう。

どの宗教にも固有の人間論があるが、たとえ教義の言葉がそれぞれ相違しようとも、我々人間は人間である限りにおいて、皆普遍的な意味で「兄弟姉妹」であるという共通認識があるはずである。それは、神仏が媒介して結ばれる魂の次元でのいのちの縁に由来する共通認識である。人々は誰一人として、他人ではありえず、全人類がいのちの縁で結ばれていると言うべきであろう。

宗教がこの基層的な魂のいのちの縁の視座に立つことを忘れなければ、どんなに家族構成が変化して行こうとも、生殖や家族の問題について苦しみ悩む人々の心に届く発言ができるし、そうした人々に寄り添うケアもできると思うのである。

いのちの縁と家族の規範イメージ

宗教の有する「いのちの縁」の思想が、血縁によらない大きなつながりを人々にもたらしてくれる一方、現実の宗教がそれとは反対の逆機能を果たしている問題にも注意を払う必要がある。

どの宗教も望ましい家族の規範イメージを有している。そして、この規範を満たすために結婚、出産が不可欠となり、これを積極的に奨励する傾向があるように思う。生殖はこの時、「そうあるべき基準」に沿いたいという「欲望」という位置を持つ。

そうした欲望が、代理出産のように第三者を介した生殖補助医療を登場させたわけである。しかし、この種の行き過ぎた医療のあり方は、かえって女性の身体を道具化・手段化して、いのちの尊厳を侵すものとなってしまった。そうした観点から、生殖は本来、夫婦の努力の範囲に限定するべきとも考えることができるだろう。ただし、子供を産むべきだという規範は、逆に子どもが授からない場合に抑圧的に作用し、不妊の人（とくに女性）を責めるような説き方となる。

確かに我が国の宗教の歴史を振り返ってみても、伝統宗教にせよ新宗教にせよ、女性に対しては妊娠圧力の一端を担い、この圧力を先導するような言説の担い手となってきたのは事実である。その理由として、とりわけ我が国の多くの宗教が「家の宗教」化しており、その教えも従来的な家制度を助長しがちだというのは、つとに識者によって指摘されてきた事柄でもあった。

問題は、不妊に対する宗教の単なる言説というだけにとどまらない。宗教が理想とする家族の規範イメージに合致しない状態にある人々にとっては、宗教の教えは自分が「そうあるべき基準」からの逸脱を絶えず指弾する責め道具となる。また、そうした規範イメージばかりの強調は、このイメージに合致している人々にさえ、精神的な拘束感をもたらしかねない。近年の宗教離れの一因も、「家の宗教」としての宗教的諸言説への忌避意識から来るところが大きいのである。

今日、我が国の家族構成は、大きく変化してきている。一般家庭における単独世帯（一人暮らし世帯）は年々増加の一途を辿り、二〇一〇年（平成二十二年）の国勢調査によれば、ついに31％と首位になった。

標準的な家族形態とされた夫婦と子どもからなる世帯が29％、夫婦のみが20％となって、家族の人数も平均二・四六人と最少を記録した。単独世帯の増加は、独居高齢者や未婚のシングルの増大によるものであるが、同性カップルやステップファミリー（子連れ再婚家庭）も今後増えることも予想される。標準的な家族がもはや家族の標準ではなくなり、家族形態も多様化していくだろう。不妊の人だけではなく、多様な家族形態にある人々に対して、「家の宗教」の言説が心に届くことは容易ではない。宗教の側もこの言説を無理強いして説くのではなく、より宗教らしい「いのちの縁」に基づく新しい家族像を模索し、それぞれの宗教言語において語っていくべきではないだろうか。

放射能によるいのちの危機(3)

いのちは人間において最も先鋭的な形で現れるが、いのちの縁は人間だけにとどまるものではない。我々が生存を許されているこの地球の自然環境にも、いのちの縁は広がっている。生きとし生けるものが無限につながっていることを知ることにより、我々は自らの存在の相対性、また相互依存性をも自覚することができる。自然の生態系は微小から極大に至るまで精妙なバランスの上に成り立ち、そこに人間をも含めたあらゆる生命体も存立している。それだけではない。腸内細菌がいるゆえに栄養の消化・吸収が促進されるなど、生態系は我々の身体の内にも存在する。

今日、自然環境の生態系及び人間身体の生命系を脅かすさまざまな環境問題が深刻化している。人間が作り出したもので、あらゆる生態系を破壊し、これらのいのちを脅かす最たるものが放射能である。原発一基が一年間稼働すると、広島型原爆千個分の核分裂生成物をもたらすという。この生成物が使用済み核燃料となるが、原発が稼働する限りそれは絶えず増え続け、半減期がさまざまであることにより結局、何万年もの間、絶対安全な取り扱いと保管が要求される。しかし、地震大国でもある日本において、そのような超長期にわたる安全がどうして保障できるのだろうか。それは我々現在世代による未来世代の生命への侵犯行為と言うべきではないだろうか。

これは、放射能による「いのちの危機」である。それはまさに、我々が責任倫理に基づいて行う価値の選択の問題である。すなわち、現在世代のための一時的な利益や繁栄と、いのちの尊厳を脅かし、未来世代に半永久的な負担を強いることのどちらが大切なのか、ということである。原発は正常運転していても、微量ながら放射能が排気口や排水口から漏れ出ている。たとえ事故が起きなくても、遠からず周辺の自然環境に悪影響が生じる恐れがある。何よりも、原発は動かせば動かすほど、恐るべき量の放射能を生み出すものである。東日本大震災の年の十二月一日、全日本仏教会（全日仏）は「原子力発電によらない生き方を求めて」という宣言を行った。(4)この宣言の中でも、「いのち」を鍵概念にして、現代日本社会が利便性を追求してきた結果、原発立地の人々が事故による「いのち」の不安に脅かされていること、また負の遺産として処理不可能な放射性廃棄物を生み出していることに反省を促し、こうした「いのち」を脅かす原発への依存を減らし、持続可能なエネルギーによる社会の実現を目指すと述べている。

放射能は消毒不可能

もし福島第一原発の事故が起こらなければ、全国に五十四基もある原発の大半が今もなお放射能を放出し蓄積し続けているところであろう。誤解を恐れずに言えば、福島第一原発事故こそ、誠に尊い犠牲を払って、原子力の安全神話を覆《くつがえ》してくれた出来事であり、いのちの基盤を切り崩しつつ営まれている我々の生活や文明に対して、大きな反省を迫らせてくれた出来事であった。現実に取り返しのつかない大事故が起こってしまった今、そう受け止める見方があってもよいのではないだろうか。

福島の事故は放射能を広範囲にばらまき、自然生態系を著しく汚染した。人間はもとより自然界も被曝したのである。放射能汚染は陸上だけでなく海上にも及び、近海の生態系は深刻な事態に立ち至っている。海中での生物濃縮により、放射能は最終的には人間に取り込まれる時が来るであろう。

一部には、低線量被曝による健康被害について問題ないとも言われているが、仮に現時点ではそうだとしても、次代や次々代において遺伝的不安定性を誘発する危険性は拭えない。チェルノブイリ被曝者の子どもたちの内、慢性疾患のある子どもの割合が近年ますます増大する一方であるという確かな報告もあるからだ。高線量であれ低線量であれ、放射能は人間を含めたあらゆるいのちを脅かす。

オルダス・ハックスリー Aldous Huxley（1894-1963）は、機械文明に人間が自己管理される世界を描いた小説『すばらしい新世界』（一九三二年）の中で「文明は消毒にある」と述べた。しかし、放射能こそ消毒不可能なしろものである。それこそ煮ても焼いても、どんな化学処理を施しても効かない。ラジウムを発見したキュリー夫人は、研究の過程で大量の放射能に曝され、白血病のために亡くなったが、彼女の直筆ノートや論文類からは、いまだに強い放射能が検出されるという。人類が放射能を手にしたことは、いのちそのものを左右する根源的な危機を意味する。

隅々まで近代技術によって構築された我々の文明では、どんな「自然」災害であっても、そこには必ず人為的な要素が含まれている。福島第一原発事故を起こした大津波は〝想定外〟だったと言われることがあるが、それは自然が人間の都合に関係なく猛威をふるうことを忘却しただけにすぎない。自分たちの〝想定内〟で万事済むと思うことほど、現代文明の過信と驕りもないだろう。我々が享受する豊かな暮らしも、いったん事故が起これば、まさに〝想定外〟の事態を招く危険きわまりない原子力発電に頼っている。猛省すべきは、そのような文明のあり方であり、この文明的な生活様式なのである。

それゆえ、先々の子孫に負の遺産を残し、未来の生命を危険にさらし続けるシステムである原発に対して、小手先ばかりの安全基準を設け、再稼働を図ろうということ自体が誤りなのである。

原子力＝核の脅威に対するシュヴァイツァーの警告

アルベルト・シュヴァイツァーは、放射能の危機に対して最も真剣な関心を懐いていた思想家の一人であった。彼は晩年、日本への核爆弾の投下や、その後も米ソ両大国を中心とした度重なる核実験に対して、深く心を痛めていた。第二次世界大戦後の彼の社会的発言は、原爆と平和問題に集中していると言っていいくらいである[(5)]。

シュヴァイツァーは、ノーベル平和賞受賞講演「現代世界における平和の問題」（一九五四年）の中で、原子力という途方もない力を手にした人間が悪しき意味での「超人」になりおおせてしまったことを述べた。彼はまた、「人類へのアピール」（一九五七年）では、核実験及び核兵器廃絶問題をとくに取り上げて訴えた。放射能が人類全体に広範かつ長期にわたり与える影響はきわめて深刻なものだというのが、そこでの主張である。この声明の内容は、彼の主唱する生命への畏敬から自ずと導かれるものであった。彼は著書『文化と倫理』（一九二三年）においてこの倫理思想を詳細に理論づけているが、その出発点が集約的に表現されているのは、「私は生きようとする生命にとり囲まれた、生きようとする生命である」という言葉である。これは、あらゆる哲学や宗教に通底するいのちの尊厳につながる根本姿勢ともなろう。

シュヴァイツァーは冷戦の時代的危機の中で、核戦争や核実験に対する警告を発した。もし彼が今日の原発問題に遭遇していたとしても、きっと人間も含めた地球上のあらゆるいのちに対する悪影響をもたらすという同じ理由により、生命への畏敬の倫理の観点から脱原発に向けての反対の声を上げただろうと想像できるのである。

被爆国日本の原発は、原子力の平和利用という謳い文句の下に積極的に導入された。しかしそれによって深刻な放射性廃棄物、すなわち核のゴミ問題が生じた。これを解決するための核燃料サイクルにも技術的困難が山積しており、危険極まりない。使用済み核燃料から取り出されるプルトニウムは毒性が非常に強く、しかもこれは核爆弾の原料になりうるものである。原爆と原発との間には共通する関連技術が存在し、それが国防戦略上にも関連すると考えられる節がある。ここに垣間見えるのは原子力＝核の問題である。ここまで考えていくと、原子力の平和利用と戦争利用というふうに単純には分けられなくなってしまう。

どんな原発もいずれ耐用年数が尽きて運転を終了し、解体せざるをえなくなる。その時には、放射化によってそれ自らが放射能を帯びた原子炉や原発そのものが、巨大な放射性廃棄物となってしまう。我々は原子力＝核を手にして「超人」になったつもりであるが、その実、人間性を通り越して、非人間的な所業を犯してしまっているのである。今一度回復させるべきは、「足るを知る」ことの大切さや自然への感謝及び畏敬の念であり、我々はこの原点に立ち戻って、人類の文明を再出発させていかなければならない。かつての原爆による「被爆」国であり、今や原発による「被曝」国となった我が国こそが、原発廃炉の方向でのソフトランディングの行程表を、世界に向かって提示していくべきではないだろうか。

（1）教団付置研究所懇話会は二〇〇二年に設置され、現在約三十の教団付置研究所が加盟している（正会員・オブザーバー会員を含む）。生命倫理研究部会のほかに、宗教間対話部会、自死問題研究部会が分科会として設置されている。

（2）「いのち」という言葉は諸宗教の生命倫理において汎用可能な共有基礎概念ではあるが、実際にはこれに対応するそれぞれの宗教固有の教語のほうがむしろ前面に現れてくる。天理教の場合、「いのち」のありようは「かしもの・かりもの」という教語で説明されることが多い。私は天理教の教えに基づく生命倫理について、「天理教教理から生命倫理の諸問題を考える」（『現代の課題と向き合うために――社会の中の天理教』（天理大学おやさと研究所、二〇一七年）で論じたが、そこでは個別トピックとして脳死・臓器移植、生殖補助医療、人工妊娠中絶、安楽死・尊厳死、再生医療と遺伝子医療について取り上げた。

（3）以下の諸節は、金子昭「放射能といのちの危機――原発は子孫を侵犯する」（『中外日報』二〇一三年八月八日号「論・談」）を下敷きにしている。

（4）全日本仏教会ホームページ「ニュースリリース」（「原子力発電によらない生き方を求めて」）http://www.jbf.ne.jp/activity/3474/3483/170.html 参照。なお宗教学者の島薗進は、日本仏教の公共性を示すものとして、この宣言文を高く評価している。島薗進『現代宗教とスピリチュアリティ』（弘文堂、二〇一二年）より、「第五章　日本仏教の公共性の回復」参照。

（5）シュヴァイツァーの平和論については、金子昭「シュヴァイツァーの平和論――とくに反核思想とその展開とその影響について――」（『天理大学おやさと研究所年報』第十七号、二〇一一年）参照。

第九章　巡礼の物語としての人生

誰もが自分の物語を持つ――漂泊の文学再考

ここで再び話題は社会から人間個人へと立ち返る。宗教なるものは個人において宗教心（宗教的心性）として芽生え、それが特定の宗教と関わって明確な信仰となる場合もあれば、そうした宗教とはあえて関わらず、あるいはそれとは無関係に宗教心のままにとどまる場合もある。しかしそのような宗教心は人をして自らの深い物語を紡ぎ出すことになる。本章は、そのような観点から巡礼としての人生の物語について考えてみたい。

二十世紀のアメリカの社会哲学者エリック・ホッファー Eric Hoffer（1902-1983）は、「沖仲士の哲学者」とも言われ、その特異な経歴と独特な思想で知られている。彼はドイツ系移民の家庭に生まれたが、七歳の時に母親を失い、同じ頃に視力も喪失した。その後突然視力が回復したが、それは十五歳の時であった。そのため正規の学校教育を一切受けておらず、すべて自学自習で知識を学び、後年も公立図書館にこもって独学で勉強した。十八歳で父親も失い、天涯孤独になった。さまざまな職を転々とし、二十八歳の時、自殺未遂を機に季節労働者になった。五十近くになって著した『大衆運動』(一九五一年)を皮切りに著作活動に入るが、その後もずっと港湾労働者を続けた。彼は、アフォリズム集『魂の錬金術』の中で、次のように述べている。

「人間はすぐれて語り部である。人が目的、大義、理想、使命などを探し求めるのは、主として、基本的には意味もなければ、雛型もない人生の物語の展開に、筋書きと手本を見出そうとするからにほかならない。/人生をひとつの物語に転じることは、われわれに対する他人の関心を高め、他人とわれわれとを結びつける一手段である(1)」。

誰もが人生の物語を持っている。その物語は、実は自らが語ることによって整序され、人生の意味を刻印されていくものである。そのようなものであってこそ、同じように人生の意味を探し求める他の人々とも分かち合えるものとなるのである。ホッファーは、社会では自らはアウトサイダーの立場に立ち続けたが、絶えず社会の動向に目を光らせながら独自の哲学的考察を深めていった。

語りの言葉は、狭い意味での宗教倫理の学術言語では捉えきれない。詩的言語を通じて説き起こされる、独特な宗教と倫理の世界がある。我が国には「漂泊の文学」の伝統があり、西行から始まり、芭蕉、良寛、井月、山頭火など、一連の詩歌人の系譜がそこにある。「旅に生き旅の内に死ぬ」中で受け継がれてきた死生観は、人生そのものが旅であることに、人々に気がつかせてくれるものである。漂泊の文学の伝統は、もしかしたら現代のホームレス詩人にもつながるものかもしれない。この文学の系譜に属する現代作家に、高木護（一九二七〜）がいる。ホッファーもそうであるが、高木もまたアカデミズムの世界で評価されることがほとんどない。[2] しかし、彼らの作品世界の荒削りな表現や質朴な内容は、我々の根源的な情念に強く訴えるものがある。

放浪の作家で思いつくのは、貼り絵画家として知られる山下清（一九二二〜一九七一）であろう。彼の書いた（放浪の反省文として書かされた）文章は、『裸の大将放浪記』全四巻（ノーベル書房、一九七九年）に掲載されているが、文学的構成などは念頭になく、ひたすら出来事が綴られているばかりである。彼の本領はあくまで絵画にある。山下清とは異なって高木は詩人であり、その体験エッセイ風に描かれた放浪記もどこまでが事実で、どこまでが虚構なのか、見極め難いところがある。しかし、それは文学としての味わいを濃厚に出している。

語られた世界と現実の世界、どちらが〝真実〟だろうか。詩的世界は事実ではないが真実である。自分を語るとは、自分を騙《かた》ることでもある。フィクションとは虚構の意味である。しかし、作品世界（テキスト）の中に、読者はまず身を置いてみることが大切だろう。貧しさ、孤独、弱さ、先の見えない不安などは、すべて乗り越えなければならないマイナスの側面なのだろうか。そのようなものを抱えつつ、今あるがままの人間の尊厳を語る言葉が必要である。ここでは、高木護にその作品世界から語ってもらうことにしよう。

「人間」になるという修行

高木護は若い頃、主に九州で放浪し、日雇い人夫をしていた。人夫として生きるとはどういうことか。高木は、実生活では人夫という職業から足を抜いた。「足抜き」ができなかった人は、今も昔も大勢いる。しかし、彼らは文学や思想の言葉として「人夫の生き方」を語ることができない。それを語ることができるのは、高木のような作家となった者である。

高木は自らの生きざまをぶらぶらの「行」と言い換える。現在では、都会でも田舎でも、浮浪者・無縁者というアウトローを受け入れる素地が消えてしまった。ホームレスに対する市民社会の距離感はきわめて大きいが、少なくとも、戦後十年間ぐらいまではそうではなかった。高木もまた、農家に頼み込んで、二日や三日、百姓仕事の手伝いをして食べ物をもらったり、一般の民家でも自転車の掃除をして、その代金に握り飯をもらったりして、それがきっかけで何日か逗留して家の手伝いをすることもあった。だから、「ぶらぶら」の浮浪暮らしでも、完全な無縁状態ではない。どこかで人の縁とつながっている。そう言えば、山下清も同じように放浪の旅の中で親切な人に世話になっている。彼らは、浮浪はしていても、物貰いはせず、それなりに仕事をしている。また、親切な家や宿で世話になっていても、長逗留はしないで、そこから出て行く。それは旅に生きる者のモラルでもあった。それは一歩堕すれば、悪しき世間師（旅をしながら世渡りする人）になりかねないぎりぎりのところで保たれているモラルであった。このモラルを守りおおせない旅人も少なくなかったのは事実であった。しかし総じて言えば、この旅人のモラルを許容できる風土が、戦後しばらくまでは日本には残っていたのである。民俗学者の宮本常一は、『忘れられた日本人』（岩波文庫）の中で、そのような放浪の旅人と定住社会との交流の姿を文学的とも言える筆致で活写している。そのような意味で、高木護の「ぶらぶら」もまた一つの「行」たらざるをえなかったことは、銘記すべき点である。ぶらぶらは並み大抵な気持ちではやれない。欲があってはぶらぶらなどできないし、「行」なるがゆえに、ぶらぶらするのにも心を律していなければならない。

高木は、そのようなぶらぶら生活の中で「人夫」の仕事にもついたが、人夫とは「ないない尽くし」の中で生きることであり、これも欲があればできなかったと言う。「人夫で人夫以上に仕上げた者たちがいるか。先生にも大臣にも役人にもならないし、欲たれの証しである勲章も貰いはしないだろう。第一に欲たれ病に罹ったら、人夫なんか一日だってやっておれないよ」[3]。彼は、ある高齢の人夫に、「人夫はな、この世の中から運悪く択ばれてしまった者たちかもしれん」とも述懐させている。「運悪く」というのは、人夫をやっている者たちにしか分からない、感じられない心かもしれない。実際、彼らは滅多なことがなければしゃべらなかったし、心も開かなかった。世間の人々は、この無口を無能のように勘違いしているようだったが、実は人夫ほど毎日おのれの体でもって考えごとをしている者たちはいなかったのである。

高木は、自分の人夫体験を通じて得た境地として、「人夫」とは「人間」であることだと述べている。どこまでも人夫として無名のままということが、より人間であることの証しであり、「人間を丸出しにして、おのれを投げ出してやらなければ、やっておられないところがある。人よりもぬきんでてはいけない、むしろ一足遅れなければ、やっておられないところがある」(4)。ここに宗教倫理的なものを見出そうとするならば、飄々と浮浪する中にあっても、自らを律していこうとする姿勢である。それは、人間になる主体的な生き方への「覚悟」を問いかけるものである。一人なら一人分で生きるのが人間のあるべき姿であり、たとえ最後が野垂れ死に終わったとしても、人間になる修行の結果であれば、高木はそれもまた良しと見なしている。

高木は、二十年間にわたる自らの人夫体験を通じて、人夫の過酷な現実をもよく知っていた。人夫の仲間たちの多くは若死にした。仕事中の事故もあったが、体をこき使うために、寿命を人一倍すり減らして行くようだった。人夫が働けなくなった時は、死を意味した。高齢になって生活保護で暮らすなどとは、夢にも思っていなかったかのようだ。「死んで逝くにしても、その心構えや意思のある者たちの死を、野垂れ死にとしたい」。つまり、「野垂れ死に」という結果になっても、そこに人間になる修行をして、しっかりと覚悟を決めて、あの世逝きをしなければならないのである。草叢の中から老人と若者の話声が聞こえてくる。老人はこのように語っている。

食えないから、病気で苦しいから、この世が厭になったから、悪いことをしたから、淋しいから、悪いやつに騙されたから、裏切られたから、夢をなくしてしまったから、生きて行く自信がないから、なんとなく死にたくなったから、なんて死んで逝くやつは、理由はともあれ、たとえ死の結果が行き倒れや野垂れ死にであったとしても、そんなのはただの死でしかない。わしらが心に大事に仕舞い込んでいる行き倒れや野垂れ死には、ただの死ではない。「生」の世界が差別だらけだからといって、腹いせに「死」の世界まで差別するのではないぞ。この世に人間としてうまれてきた者なら、人間になる修行をやらなければなるまい。これは当たり前のことじゃ。うまれつき、神様や仏様のような者なら、いざ知らず、わしらみたいなできそこないの屑のろくでなしが、より人間であるためには、人間らしく生きて行くためには、心して修行をやるしかないだろう。より人間になる、人間らしくなる修行をやった上での覚悟の死こそ、わしらは行き倒れといいたい。野垂れ死にといいたい(5)。

これは放浪の中から生まれた高木護の心の中の対話であろう。たとえ、「野垂れ死に」がここで語られていても、それは「人間」になる修行の結果なのである。彼は、死を語っても、それは死とのたわむれの姿であり、眼差しは常に生に向けられている。人間もまた「生きもの」であり、生きることを少しでも考えるだけで、「あきらめたり、捨てたりしたはずの欲がむくむくと活き返ってくる」。だから彼はこのようにも言う。「ぶらぶらくらしには「生」のことなどはあしたまかせ、風まかせ、成り行きまかせにして、ほったらかしにしておいたほうが楽である。それに反して、毎日目の前でちらつく死について思うのはたのしいものだった。はやく死にたいわけではなかったが、きょう死ぬかもしれない、きょう死ななかったら、あした死ぬかもしれないと思っただけでも、はらはらしてくるし、弾んできた(6)」と。

高木護がよく読まれたのは、一九七〇から八〇年代、当時の日本社会は会社中心主義の社会であり、「一億総中流」とも言われていた。その中で、あえて「安定」した暮らしから脱落していくような姿勢が読者の共感をよんだ。時代風潮としても、「蒸発」という言葉や現象が流行った。当時は、大阪の釜ケ崎や東京の山谷など労働者の街も活況を呈していた。

バブル経済崩壊以後、日本経済は急速に悪化、非正規雇用が増大した。二〇〇〇年代に入ると格差社会、貧困社会、無縁社会という言葉が人口に膾炙されるようになり、孤独死が問題になった。釜ケ崎なども、労働者の街から次第に高齢単身者の街、生活保護の街になっていった。人々は逆に「安定」を志向するようになっている。しかし、この窮状を改善しようとする社会倫理も打つ手に窮している。そして「3・11」以降、再びつながりや絆に人々の関心が高まり、現在では新たな形で人と人との「縁」をどのように結ぶかについての模索が始まっている。

そうした時、高木護が自らの前半生を回顧しつつ創作した作品世界に、問題解決の糸口が見えるように思われてくる。高木の「語り」は、逆説的な問題提起を反省的に問いかけることで、最初から何も持たず、孤独を孤独と感じずに一人で生きる生き方を、人々に提示して止まない。我々の人生においては、無縁の中に縁を、縁の中に無縁を見出すことができる。これは、第六章で述べた意味でのシングルとしての〝単独者〟に通じていく生きざまである。我々はいつどんな時に自分は無縁の人間になるかも分からない。しかし、無縁の中にあっても、縁への足がかりは存在する。いや、無縁なるがゆえに、ありきたりの人間の縁を越境して、新たな縁につながりうる。そんな可能性を垣間見ることができる。そしてそれができるのは、その人の生き方の主体性と覚悟次第なのである。

単独者《シングル》としての人間が、自らを一人の霊的（スピリチュアルな）存在者として捉えた場合、この自覚は霊性的自覚ともなる。鈴木大拙（一八七〇〜一九六六）は、霊性的自覚について、それが「無限大円環性」であるがゆえに、その中心が至るところにあることを指摘する。(7) しかし、その中心はどこまでも単なる私個人を超えた、「超個己的一人」である。大拙は、この「一人」はまさに「弥陀の本願は親鸞一人がためになりけり」（『歎異抄』）という意味での「一人」であると言う。個を超えた個としての「一人」は絶対に孤独であるが、それが無限大の円環の中に遍く存するがゆえに、「万差の個多そのもの」でもある。大拙は、霊性的自覚を日本的霊性に即して論じているが、弥陀信仰の中でそのような自覚を生きる在家信者の例として、浄土真宗における妙好人の存在を挙げている。霊性的自覚を有する単独者は、自らをあえて無縁的存在となすがゆえに、既存の縁を越境して新たな結縁を築くことができる。そうした単独者の姿は、漂泊者の相貌を取って、西行や芭蕉以来、今に至るまで日本の文芸世界の中に散見しうるのである。人と人の縁は出会いであり、その出会いを重ねていくことが求道の旅となる。これを宗教的求道の姿として端的に描出したのが『華厳経』の「入法界品」であろう。

善財童子の求道の旅

『華厳経』の最後に「入法界品」という、善財童子が人生修行と求道の旅を続けるという異色の物語が収められている。(8) この物語を『華厳経』の大尾に置いた〝知られざる編者〟は、経典で説かれる教理を担うのがあくまで生きた人間でなければならないということで、生身の人間に即した物語を必要したのかもしれない。

「入法界品」では、大乗菩薩行としての普賢行が説かれるが、それは智慧と慈悲、自利と利他が相即するところに、その最終ゴールがある。しかし、そのゴールとともに大切なのは、善財童子が五十五人もの善知識を遍歴するという旅の過程である。菩薩あり、長者・賢者あり、比丘・比丘尼あり、婆羅門あり、外道・夜神あり、童子・童女あり、貴賎を問わずあらゆる階層や職業の人々がそれぞれの仕方で悟道を得ている。彼らに次々と出会い、ときに疑問を持ちながらも彼らの教導を受けて進む善財童子の求道過程はそれ自体、我々自身が生き生きとした華厳世界へと縁が結ばれていく人生修業の物語でもある。彼の遍歴の行程にあっては、ただ単に悟りの境地が上昇する人生行路の諸段階だけでなく、僧俗とりまぜた多種多彩な人生模様の姿を見ることができるのである。

彼が出逢う善知識は、いずれもそれぞれの人生の中で自らが主人公として振る舞っている。そして、善財童子との出逢いに際しては、彼の志や彼の目指すものを知って、次なる人物を紹介するのみで、自らは童子と一緒に行こうとはしない。おそらく、彼らは彼らの人生をそのまま全うしていくのだろう。このこともきわめて示唆的である。この善知識は原語のカラヤーナ・ミトラの意味通りに「善友」と訳したほうが良いかもしれない。教えの形態や種類こそ違え、彼らはともに悟りと衆生済度を目指す道を歩んでいる。彼らの生き方に対する敬意の念は、どの宗教思想の内にも真理性を認め、尊重する宗教的多元論にも通じる考え方である。

彼らは単なる過程の一駒ではなく、生きた人格であり、善財童子は彼らとお互いに他者として出逢っている。そのことで、善財童子だけでなく、善知識の側もまた心の変容を遂げ、学ぶ者が師匠になり、師匠が学ぶ者となることもある。そのことは、弥伽長者（医師）の登場する場面で印象的に現れている。彼は善財童子の発心を知ると、自らの座を降りて敬意を表するために童子にひれ伏すのである。なお、弥伽長者のほか、優鉢羅花長者（香料商）、婆施羅船師（航海師）、無上勝長者（法律家）など在家の人々の存在は、衆生済度のために世俗の職業の大切さを示唆している。修行とは、広く世の中で自分と異なる人々と出逢い、ときに疑いながらも、対話を通じて自ら得心し、信心を深めていくことである。得心とは文字通り、心を得ること、信心とは文字通り、心を信じて歩むことである。これは『華厳経』における「三界唯心」の理想の実践以外の何物でもないと言えよう。

人間の可塑性と出逢いによる結縁社会の実現

ニーチェは、『ツァラトゥストラはこう語った』の中で、人間の精神は、重荷を背負って黙々と歩む駱駝の時期、外部の敵や内なる敵と闘う獅子の時期、何でも受け入れそれを楽しんで通る幼子の時期という、三つの段階を経なければならないと述べている。子供とは、ただ単に人間が大人になる前の段階であるにとどまらず、大人になった後で到達すべき子供の境地でもあり、それがまさにニーチェの言う「幼子の時期」である。この意味での子供というのは、人間が成人になっても老人になっても、常にやはり子供であり続けるものである。身体的な成長はいわゆる成人期に達すると止まってしまい、その後は歳を重ねるにつれて下降線を辿っていく。しかし、精神的には最後の息を引き取るまで成長する可能性を秘めている。それは別な側面から見れば、人間は本質的に未成熟な存在だということである。この意味で、人間の精神や心には可塑性があり、可塑性があるということは、やり直しがきくということである。子供というのは、まさにそうした可塑性に満ちた存在である。

人間どんな状況になっても、心のやり直しがきくというのは、誰もが心の中にやり直しの力を持っているからである。近年それをレジリエンス（復活力、復元力）という言葉で表現する傾向がある。[9] 人間は生きている限り、そうした体験を避けることはできない。例えば、子供時代の「いじめ体験」や「虐待体験」、親しい人との「死別体験」、苦しい「病気体験」、後味の悪い「非行体験」、強烈な「震災体験」

や「戦争体験」などが挙げられる。しかし、それらに打ちのめされるのではなく、どんな人間にもそこから復活できる力(レジリエンス)を持っているのである。

神仏のような超越的存在から見れば、すべての人間は子供のような存在である。善財童子は、どうしても子供(童子)の姿を取らなければならなかった。我々は絶えず成熟を目指して努力しなければならないことになる。この人生のプロセスを善財童子の遍歴修行に重ねることが大乗菩薩道のポイントになる。怠惰であっては善知識と巡り合うことができない。仏の世界はそもそも努力精進をもって求められるものなのである。

『華厳経』では、娑婆世界の根底に華厳世界を看取することが説かれるが、それは世界観の大きな変容を意味する。このことを自覚した者は、苦悩や困難の渦巻く娑婆世界の現実を、華厳世界の理念によって変革し、ひいては華厳世界をこの世に顕現させていくことが求められる。そうした理想主義を自ら具現していく形象が、「童子」の姿で表現される。「入法界品」の中に、我々は現実主義に対する理想主義の勝利の確信を読み取ることができる。

善財童子の遍歴の旅の中では、さまざまな善知識との出逢いが大きな意味を持つ。この出逢いはまさに善き「縁」である。これからの社会が目指すべきは、「結縁社会」の方向である。この社会では、人々は既存の縁を越境して再度、人と人をつなぎ、絆を結び直していく。結縁社会は、無縁社会——それは近代社会の帰結でもあるが——を経由して導かれる新たな後近代《ポスト・モダン》の社会であり、昔ながらの血縁・

地縁による共同体へと戻ることではない。無縁というのは宗教的にはプラスの意味合いをも持っている。それは、この世から自由になることで、この世に自由に関われる生き方でもあるからである。まさにそうした生き方ができる者こそ、仏教者ひいては宗教者と言えるのではないだろうか。宗教者はこの意味で無縁を媒介し、あらゆる世俗の縁を越境することで、人々を新たな宗教縁へと結びつけることができるのである。またそこにおいて、既存の宗教〝共同体〟の枠を超える霊（精神）の〝共働態〟の萌芽も見出すことが可能になってこよう。

我々現代人もまた、善財童子と同じ求道の心を持って、華厳世界の理想主義を理念に掲げ、さまざまな立場や思想の人々とも手を携えて新しい時代を切り拓いていくことが、求道者・修行者の使命として求められる。その時、我々の周囲のすべての人々や衆生は各々さまざまの形で、大乗菩薩道の行の道筋を指示してくれる善知識となる。また、我々自身もまた他の求道者・修行者に対して善知識とならなければならないだろう。

この娑婆世界は数多くの善知識、草の根の菩薩たちに満ちている。我々もそうした善知識や菩薩の一人であるのだという根本認識から出発し、それぞれに大乗菩薩道を歩んでいくべきなのである。

（1）　エリック・ホッファー『魂の錬金術』（中本義彦訳、作品社、二〇〇三年（原著一九七三年））、五二頁参照。ホッファーには *Truth Imagined*, 1983（『構想された真実』）と題された自伝がある。その邦訳は『エリック・

ホッファー自伝――構想された真実』（中本義彦訳、作品社、二〇〇二年）。
（2） 高木護とその文学について書かれた本は、青柳瑞穂『詩人高木護――浮浪の昭和精神史』（脈発行所、二〇一二年）、『Myaku』第十四号「特集・きみは、詩人高木護を知っているか」（脈発行所、二〇一二年）の二冊だけである。
（3） 高木護『人夫考――ある無名者たちへの挽歌』（未来社、一九七九年）、一〇八頁。
（4） 高木護、同書、二四頁。
（5） 高木護『野垂れ死考』（未来社、一九八二年）、一〇七頁。
（6） 高木護『人間畜生考』（未来社、一九八八年）、一七八～一七九頁。
（7） 鈴木大拙『日本的霊性』（岩波文庫）、一三六～一三七頁参照。妙好人については同書第四篇「妙好人」参照。大拙には、妙好人と日本的霊性についてとくに取り上げて論じた『妙好人』（法蔵館、一九七六年）もある。
（8） 「入法界品」はそれだけで長大な経典でもあり、全訳は『さとりへの遍歴――華厳経入法界品』上下（梶山雄一監修、中央公論社）があるが、抄訳には森本公誠編『善財童子　求道の旅』（東大寺、一九九八年）、大角修『善財童子の旅――現代語訳華厳経「入法界品」』（春秋社、二〇一四年）がある。森本編の本は、東大寺他蔵の「華厳五十五所絵巻」を挿図として用いている。
（9） アンドリュー・ゾッリ他著『レジリエンス　復活力』（須川綾子訳、ダイヤモンド社、二〇一三年）。

第十章　宗教的偉人とは何か——シュヴァイツァーをめぐる三題

　第九章では、巡礼の物語としての人生について取り上げ、それが「人間」になる修行ないし、求道の過程であることについて論じた。本章では宗教的人格として完成された一人の宗教的偉人にスポットライトを当てて、この人物及び彼をめぐる人間模様やその精神の意外な継承の仕方について取り上げていくことにしたい。

1　活学としてのシュヴァイツァーの研究姿

シュヴァイツァーの多面性

　アルベルト・シュヴァイツァー Albert Schweitzer（1875-1965）については、本書でも折に触れて引き合いに出してきた。私自身、博士論文執筆以来、シュヴァイツァーについて今日まで研究を続けてきたし、彼に関する思想的研究書もすでに二冊刊行した[1]。彼は三十歳までは学問と芸術に専心し、三十歳以降は人類への直接奉仕のために生きようと決心して、実際その通りに自らの人生を貫いた。彼が修めた学問は哲学と神学であり、同時にキリスト教の牧師として二十代の頃から牧会活動を行っていた。彼はまたパイプオルガンの演奏にも秀でており、その演奏は現在でもCDで聴くことができる。そして著名なバッハ研究者でもあった。三十歳に医学部に入り直し、その課程を終えるとただちにフランス領コンゴ（現在のガボン共和国）に渡り、黒人のための医療奉仕に従事し、「密林の聖者」とも呼ばれた。まさに偉人伝中の人物であるが、彼のあまり知られていないエピソードを紹介することで、プラスにもマイナスにも作用する宗教的偉人としての多面性を見ていきたい。多くの偉人伝には、彼がアフリカで人道援助に努めた医師で、「生命への畏敬」の思想を唱えた事績が、必ずと言ってよいほど載っている。彼は晩年に至るまで一日の激務のあと、夜遅くまで哲学や神学の研究を続けていた。これらの研究は膨大な遺稿となって半世紀近く眠っていた。近年ようやく遺稿集の完全版が刊行されて、彼の著作活動の全貌が明らかになったのである。

シュヴァイツァーの思想の特徴は、哲学と神学を架橋する倫理的神秘主義（それの決定的な表現が実は生命への畏敬の倫理思想である）にある。この倫理的神秘主義は、彼の神学的研究においては、イエス神秘主義やキリスト神秘主義という形で提出されている。彼の『イエス伝研究史』*Geschichte der Leben-Jesu-Forschung*, 1906[1], 1913[2]、『宗教改革から現代に至るパウロ研究史』*Geschichte der Paulinisch-*

en Forschung von der Reformation bis auf die Gegenwart, 1911は、かつて著されたイエス伝やパウロ伝を総ざらいして、研究史全体の動向を総括し、自己の見解を示した書物である。それぞれの目次に名前が挙がっている研究者だけで、『イエス伝研究史』は八十名前後になり（本文で取り上げられているのは数百名にも及び、一九三一年の増補改訂版は六百七十一頁になる（邦訳では千頁を超える））、『パウロ研究史』の場合は三十二名、二百九頁になる（邦訳なし）。

「教祖」の研究を行うにしても、これだけの蓄積があってこそ研究は重みを持ってくるし、こうした研究はキリスト教の場合、プロテスタント神学の土壌でないと到底できないものだ。なぜなら、とくにイエス伝研究の場合、歴史的イエスの解明は教会の伝統や教義（ドグマ）への挑戦であり、しかもそこでの解放の戦いにこそイエスその人に助太刀になってもらわねばならず、全人格をかけた真剣な学問的営みだからである。この研究は単なる歴史的興味で行っているのではない。何よりも探求されるべきは真理であり、そのために教団や教会との対決はもとより、ときには師に対する容赦なき批判も行われる。

シュトラウスのイエス伝研究

『イエス伝研究史』は、歴史的イエスを再現しようとする試みがこれほどまでに過酷なものだったのかを知るドキュメントとしても読むことができる。シュヴァイツァーが取り上げたのは十八世紀末から二十世紀初めに書かれたイエス伝研究であるが、一世紀以上にもわたるこれら汗牛充棟の著作群には、さまざまな内容のものがある。イエス伝は愛だけでなく憎しみをもって書かれることもある。愛にせよ憎しみにせよ、それは全人的なアプローチなるがゆえに、イエスの人格的深層により達しやすいのである。実際、優れたイエス伝には研究者の愛憎が込められ、いっそう実存的深みを増している。

また、イエス伝の研究は、教義（ドグマ）からの解放を目指しているとはいえ、闘争に特有の軋轢や葛藤は絶えずつきまとう。イエス伝を書いたために社会的生命を失う者も少なくなく、そのために初期のイエス伝研究は匿名で著されたりしたのだった。刊行当時は偉大な著作ともてはやされたものが、時代とともに読むに耐えないものになることもあれば、初めは全く目立たなかった、あるいは攻撃の的だった研究が後年その先駆性を発見されて歴史的著作として燦然と輝いてくることもある。イエス伝研究の歴史は、まさに真理をめぐっての、挫折と断念そして復活に満ちた闘争史である。

その苦闘の典型がダヴィト・フリードリヒ・シュトラウスDavid Friedlich Strauss（1808–1874）である。イエス伝の研究史においては「シュトラウス以前とシュトラウス以後」と截然と分けうるほど、その研究が分水嶺となる神学者である。シュトラウス以前に主要問題だった奇跡（超自然的要素）の問題は、彼により歴史的資料に含まれた神話的要素だとして決着をつけられ、イエスのメシア意識こそ歴史的事実とつきとめられた。シュヴァイツァーは『イエス伝研究史』全二十五章のうちシュトラウスに三章を当てているが、その最初の一章は彼の生涯と運命についての記述である。

シュトラウスは二十代の後半に二巻本で千四百頁もある『イエス伝』を刊行した。ところが、彼はこの著作を書いたために大学での教授資格の道を閉ざされてしまい、以後絶えず就職活動を妨害されることになった。彼が奇跡物語を神話と読み換え、その物語の上塗りをすべて打ち落としたことが、当局の逆鱗に触れたのだった。彼の人生は外面的には悲劇だったかもしれない。しかし、彼はイエス研究を自らの誇りとして静かな凱歌を挙げていた。そして後世の研究史の進展は、その先駆的意義を次第に評価していくことになるのである。

活学としての教祖研究

そもそもイエス伝研究は、それが歴史批判的に行われる限り、「信仰のキリスト」から「歴史上のイエス」を切り離すものであり、しかもそれが神学研究の営みとして行われる以上、後者の歴史的事実と前者の宗教的真実との関係を確定させる探究となる。歴史における「不都合な真実」から目をそむけるような信仰は、しょせん「小さな信仰」にすぎない。キリスト教神学、とくにプロテスタント神学のイエス研究は、この難問を切り抜け、歴史批判的視点を採用して、批判的かつ柔軟な研究姿勢を取り入れてきた。同じことは、あらゆる宗教の「教祖伝」研究に通底する問題である。教祖の歴史的姿が、歴史批判的研究によって再構成された時、教義において確定された信仰対象としての教祖と齟齬《そご》が生じる。その齟齬を真摯に受け止め、なおかつ歴史的事実と宗教的真実の関係を研究者が信仰者としてどのように受け止めることができるのか、という課題が突きつけられるのである。シュヴァイツァーは、この課題の解決を「イエス神秘主義」という倫理的神秘主義の表現に見出した。彼は『イエス伝研究史』の最後を次のように締めくくっている。

湖のほとりで、彼をなにびとも知らなかったかの人々を目指してイエスが歩み寄ったように、イエスはまたわれわれの方にも見知らぬ人、名なき者として歩み来る。彼は〔われわれにもまた〕「わたしについてきなさい」との同じ言葉を語り、われわれの時代において彼の解決すべき課題をわれわれに示してくれる。彼は命じる。そして彼に従う者には、賢者にも愚者にも、平和、労役、闘争、苦難において彼らが彼との交わりによって体験を許されるものを通して、自己を啓示する。かくて人々は、口に言いあらわしがたい秘密として、彼のなにびとであるか、を経験するであろう……(2)。

イエスは後期ユダヤ教の世界観の中で生き、教えを説いた。その歴史的制約の中から、この制約を超えてイエスの人格と言葉は人々に訴える。神学の研究者は、否、真理の探究者は、その学問的営為を通じて、イエスの人格に圧倒され、イエスの言葉に聴従するところまで突き進まなければならないのである。これを活学と言わずして何と言おう。

活学とはいわゆる実学ではない。実践と直結しているだけが活学の条件ではない。ましてすぐに役立つのが活学ではない。自らの全人格をそこに込め、自らの生命を賭けられた内容の学問研究であれば、それはすべて活学である。活学は権威主義や事大主義の対極に位置する。ニーチェは、書物は自らの血をもって書けとツァラトゥストラに語らせているが、血こそ真の意味での精神を意味する。その意味で、どこまで血を流して行われたかが活学の条件である。その研究が活学的内容を持つならば、たとえ同時代において評価されず無視されようとも、学問を前進させ、志ある人間をつき動かしていくものである。『イエス伝研究史』から垣間見えるのは、そのような活学としての教祖伝研究の歴史であり、この書物自体もまた同様な活学的研究でもあった。シュヴァイツァー自身はこれを著す以前に自らのイエス伝研究（一九〇一年）を刊行していたが、彼の到達した歴史的イエスは近代合理主義の間尺に合わない、後期ユダヤ教の終末待望に生きた人物であった。それがために、彼のイエスは、何か妄想に取りつかれた不可解で異様な存在とも受け取られてしまうことにもなる。そこで彼は医学の学位論文として、わざわざ『イエスの精神医学的考察』（一九一三年）を書かなくてはならなかった。これは医学の論文という体裁を取った神学的研究でもある。彼は本書によってイエスを精神病患者とするすべての見解を斥けた。

本書刊行と同じ年に、シュヴァイツァーは自らに与えた医療奉仕活動の使命を果たすべくアフリカへと出発した。これが彼にとってのイエスへの信従の道である。彼がイエス研究を、実存を賭けた活学としていたことが、かくして明確になるのである。

2　偉大な専制君主シュヴァイツァー

力強さの逆説

シュヴァイツァーは、常に力強い語り口で哲学や神学を論じる。彼の前には何のドグマも権威もない。彼は、いったん思想の核心を摑むや、譲歩や妥協をせず突き進んでいく。思うに、彼の叙述にみなぎる力強さは、自らの許に「真理」が存在するという確信から来るものだ。そして生命への畏敬こそ、あらゆる思想の思惟必然的到達点として摑《つか》んだ彼の真理であった。彼の死後、膨大な原稿が残されたが、その内容は、彼が自らの生命への畏敬の思想を、人類の精神史全体の中で位置づけようとする壮大な試みであった。

実践面においても、シュヴァイツァーは常に自分の信念に基づいて突き進んだ。いったんアフリカの黒人のための医師になると決心するや、彼は周囲の反対を押し切り、学問や芸術のキャリアを投げ捨てることに全く躊躇しなかった。そして、熱帯雨林のただ中に自らの病院を独力で建て、半世紀にわたりこの病院を運営してきた。シュヴァイツァー病院は増え続ける黒人患者のために拡充を続け、彼の最晩年には八十棟もの建物が立ち並び、さながら一つの村のようになっていた。

思想研究において力強さを感じさせたものが、ここでも大いに発揮された。ただし、観念の世界でドグマや権威を排した人間は、実践の現場ではその偉大さのゆえに、今度は自らがドグマや権威となってしまった。これはまさに悲劇的な逆説である。ランバレネにある彼の病院はどんなに巨大な病院になろうと、シュヴァイツァーの「個人病院」であり、彼の存在なくしては何事も立ち行かないのだった。それゆえ、絶対的な権威者である彼の監督下、万事が彼の流儀で行われなければならなかった。

偉大な専制君主の「悲劇」

シュヴァイツァーがその病院でいかに王者か専制君主のごとき存在であったかは、数多くの証言がある[3]。彼の存在には人々を引き付ける強い磁力があったが、いざシュヴァイツァー病院で医療スタッフとして働こうとすると、院長（シュヴァイツァー）への服従が要求された。医療スタッフが病院の管理運営に口出しするのは一種のタブーだった。彼は時々スタッフを厳しく叱りつけることもあった。彼らはその後、悔悛の情をあらわに示し、それはまるで「キリストを失望させた弟子たち」が取るような態度だったという。

病院では夕食後に礼拝があった。牧師でもあるシュヴァイツァーは自らオルガンを弾き、簡単な説教も行った。けれども、彼が自室に戻ったあとの雑談では、院長への批判や悪口がひそひそと交わされた。医師たちの中には、旧態依然とした病院のあり方や病院での自分の立場や不満を抱く者も出てきた。その一方で、女性秘書や看護師たちは、この偉人に心から忠誠を誓い、彼に気に入られようと互いに競争しているように見えた。当人たちにしてみればそうではないと言うだろうが、重要なのは関係者や訪問者にとって、そのように「見えた」ということである。それがために、少なからぬ病院スタッフの士気が低下した。このような雰囲気の中では、人間関係は長続きするものではない。事実、女性スタッフが比較的長期滞在したのと対照的に、男性医師には早々と引き揚げていく者が少なくなかった。

シュヴァイツァーは一九六五年九月に亡くなるが、彼が昏睡状態に陥った時から、早くも主導権をめぐる争いが始まっていた。当時、病院の後継者と目されていた彼の娘レナ夫人が病院に来ていた。白人スタッフは、誰もかも彼女に取り入ろうとした。しかし、彼の没後二年もしないうちに見切りをつけ、病院からほぼ全員が去っていった。彼らをここにとどめる磁力が失われたのだ。これはまさに「悲劇」だった。一九七〇年代には、シュヴァイツァー病院の閉鎖も取り沙汰されたほどだった。そうならなかったのは、この病院が現地の人々にとってすでになくてはならない病院となっていたからである（その後シュヴァイツァー病院は近代化され、ガボン共和国の枢要な病院として現存している）。

師と弟子をめぐる逆説的関係

それにしても、なぜ、そのような事態になってしまっていたのか？　その真相はおそらく次のようなものであろう。シュヴァイツァーにも、人間なるがゆえのさまざまな欠点がある。しかし、そのような欠点は大して問題ではない。逆説的な言い方であるが、むしろ彼があまりに傑出した大人物なるがゆえの「悲劇」であったのではないか。病院のあらゆる運営面において、彼は理念的にも実質的にも中心的存在であり、病院全体に彼の人格が刻印されていた。

そもそも、弟子というものは、師匠が偉大な存在であればあるほど、その人格に圧服されてしまい、その崇拝者、追随者になってしまう傾向がある。しかし、そういう偉人だからこそ、弟子になりたい者が集まり、そして結局、彼らの多くは単なる崇拝者、追随者になってしまうのである。また、偉大な指導者であればあるほど、彼に気に入られようと汲々とする人間を大量に生み出してしまう。そして、自ら精神的に独立不羈《ふき》であればあるほど、その周囲に彼に頼る精神的依存者を数多く集めてしまうのである。

シュヴァイツァー病院で起こった人間模様の悲劇も、そのようなものだったのではないだろうか。仮にスタッフの主導権争いがその後も続いていたら、事態はもっと悲劇的となっただろう。そうなれば、時代に合おうが合うまいが、とにかく正統である（シュヴァイツァーの思いに忠実である）ことばかりをお互いに言い立てる競争ばかりが続き、彼の事業は時代から完全に取り残され衰滅したことであろう。

どんな人間の組織や集団であれ、偉大な指導者亡き後は、常にこうした危機をはらんでいる。その危機はすでに彼が存命のうちに懐胎されているのである。宗教教団とて例外ではない。いや宗教教団こそ、師と弟子の間でそうした危機が最大となりうる人間集団なのである。しばしば、教団人の少なからぬ者は、自らの信仰を直接神仏などの超越者にではなく、偉大であるが一人の人間にすぎない指導者の権威のほうに依拠してしまう。そこに宗教において、人に教えを請うことの一つの危うさがある。だからこそ、自らの自信が感化を与え、人にも（その人なりの）自信を持つように教えるという意味での「自信教人信」の精神がいっそう求められるのである（「自信教人信」については第十二章を参照）。

3　生命山シュバイツァー寺という存在

シュヴァイツァーの遺髪を祀る寺

熊本県玉名市に、シュヴァイツァーの遺髪を祀る宗教法人生命山シュバイツァー寺がある。(4) 二〇一〇年一月、同寺で「シュバイツァー博士ご遺髪授受40周年法要」が開催され、私も参列した。遺髪は本堂正面にある金色の多宝塔内に安置されており、現在は拝観することはできない（写真は展示されている）。法要では、導師による法華経読誦の後、参列者全員による焼香が行われた。その後、会場を裏山（境内地）に移しての記念植樹式では、イチジクの苗木を植えた。イチジクは花が咲かないのに実を結ぶことから「命の木」とも呼ばれ、シュヴァイツァーの生命への畏敬の思想を象徴する樹として選ばれた。法要の間には、横笛奏者の鯉沼廣行が和笛で献曲され、厳かな雰囲気を醸し出した。

シュヴァイツァーの遺髪は、「福岡事件」の死刑囚の冤罪を訴え、その助命再審運動に取り組んでいた古川泰龍（一九二〇～二〇〇〇）が、一九六九年に神戸シュバイツァー友の会の向井正代表により、博士の人道精神を継ぐべき人だとして譲り受けたものである。泰龍師は一九七三年に現在地で生命山シュバイツァー寺を設立し、宗教法人の認証を得た(5)。

シュバイツァー寺は大乗仏教を宗旨とする超宗派の単立寺院である。家庭僧伽(共同体)を守り在家仏教を標榜する。とくに檀家は無く、信者の支援で運営されている。一九八七年には、カトリックの神父との出会いを通じ、宗教間対話の道場として、生命山カトリック別院も設立された。このように、宗派・宗教の枠を超えた交流を進めているのも、同寺の特徴である。現在は、泰龍師の長男の古川龍樹が代表を務めている。

遺髪授受の経緯とその思想

私はシュバイツァー寺の存在は以前から知っていたが、二〇一〇年、オーストリア人の映画監督のG・ミッシュがシュヴァイツァーのドキュメンタリー映画を作製することになり、私も取材協力という形で、初めて同寺を訪問することになった。

シュヴァイツァーの遺髪は、彼の最後を看取った秘書アリ・シルバーを通じて向井正の手に渡ったものだという。遺髪は、我が国ではもう一か所、玉川学園教育博物館にも所蔵されている。こちらは、ランバレネの病院で彼の晩年八年間にわたり勤務した高橋功医師のコレクションである。実は向井正と高橋医師は親しい間柄であった。同氏所蔵の遺髪も高橋医師経由のものかもしれない。

ミッシュ監督がシュバイツァー寺に関心を持ったのは、仏教の寺院がキリスト教のシュヴァイツァーを聖人と見なし、その遺髪を礼拝の対象にしていることからだった。シュヴァイツァーはルター派のプロテスタントである。プロテスタントではカトリックで言う「聖人」は認めないし、聖遺物崇拝も厳に戒められている。ヨーロッパ人の感覚では、シュバイツァー寺は不思議な存在に思えるのかもしれない。

私自身も、当初はそのように感じていた。けれども、大乗仏教では本来、一人ひとりの心には皆、仏性（仏になる種）があると見ている。その仏性を最大限に発揮し、苦しんでいる人々のために尽くしたシュヴァイツァーはまさに〝人間菩薩〟にほかならない。事実、我が国では、彼は「密林の聖者」として喧伝されていた人物である。そうした聖者の遺髪を拝むのは、仏教者としてはけだし自然なことではないだろうか。また仏教者ならずとも、こうした感性は日本人なら誰もが有していると思う。

しかしながら、彼の遺髪が礼拝の対象になっているからといって、それは決して偶像崇拝や聖遺物崇拝だというわけではない。私が受けた印象では、遺髪は同寺を挙げて展開している死刑囚再審運動の根本精神が託された霊的シンボルのように思われた。本尊として祀られているのは、むしろ中国から請来した観音菩薩像である。この像は正面中央に安置されている。重要なのは、思想的なつながりのほうである。生命への畏敬は仏教で言う不殺生の戒めとも通底するものがあり、東洋思想についての彼の造詣も、通常思われているよりもずっと深い。

このほかに、シュバイツァー寺が実践している宗教間対話や宗教間協力の試みもまた、とても興味深い。そうした試みは、宗派・宗教間の教義の相違に囚われないシュヴァイツァーの宗教哲学思想と深い関連性を持っているとも言えるだろう。彼の故郷のギュンスバッハの教会はプロテスタント兼カトリックの教会であり、シュヴァイツァーも幼い頃からその中で寛容と融和の精神を育んでいたのである。

街頭こそがわが寺

古川泰龍はシュバイツァー寺を「無実死刑囚助命托鉢の寺」であると位置づけ、この寺はまさに街頭そのものにあるべきだと考えていた。「坊主のいるところが寺で、坊主がいないところは建物が寺でも寺でない」というのが、泰龍師のモットーであった。現在に至るまで、実に半世紀にもわたり、彼とその家族が一丸となって福岡事件の再審運動に取り組んできたのである。現代表の龍樹師はまた、死刑制度そのものの問題についても、超宗派的な反対運動の取り組みを行っている。生命山シュバイツァー寺は、独自な社会的実践活動を通じて、現代社会における宗教のあるべき姿を主張し続ける寺院である。

シュバイツァー寺の活動は、まさにシュヴァイツァーの生命への畏敬の精神と仏教の菩薩道精神との現代における一つの融合である。シュヴァイツァー自身も死刑制度には反対であった。彼は晩年の手紙の中で死刑制度の問題に触れ、「我々には人間を殺す権利はない。我々にあるのは、人間から自由を奪う権利だけである」と述べている。

もし彼が今日この世に現れて、シュバイツァー寺で自分の遺髪が礼拝されているのを見たとしても、それが大乗仏教の様式で祀られた生命への畏敬の霊的シンボルだということに十分に理解を示すだろう。そして何よりも、自らの生命への畏敬の思想を具体的実践として、寺を挙げて展開している死刑囚再審運動や死刑制度反対運動には、賛同を惜しまないであろう。遺髪はそのためのシンボルである。ユニークと言えばユニークな受け止め方であるが、宗教的偉人もこのように受け止められることで、良い意味での伝統が形成されることを期待したいと思う。

（1）金子昭『シュヴァイツァー その倫理的神秘主義の構造と展開』（白馬社、一九九五年）、『シュヴァイツァー その著作活動の研究――哲学・神学関係遺稿集を中心に――』（白馬社、二〇一八年）。

（2）アルベルト・シュヴァイツァー『イエス伝研究史』下巻（遠藤彰・森田雄三郎訳、白水社著作集、第十九巻、一九六一年）、三二〇～三二一頁。

（3）〝等身大〟のシュヴァイツァーの姿については、G・マクナイト『シュヴァイツァーを告発する』（河合伸訳、すずさわ書店、一九七六年）のような批判的書物だけでなく、シュヴァイツァー病院で勤務した経験のあるルイーズ・ジレック＝アール『シュヴァイツァー博士とともに』（加茂映子訳、河合文化教育研究所、一九九八年）などからも窺うことができる。

（4）Schweitzer の現行の日本語表記は、シュヴァイツァー、シュバイツァー、シュワイツァーと、必ずしも一定していない。私は地の文ではシュヴァイツァーとしているが、シュバイツァー寺やシュバイツァー友の会は固有名詞でもあり、その表記法を尊重してそのまま使用している。

（5）古川泰龍の冤罪事件との関わりについては、自伝『叫びたし寒満月の割れるほど――冤罪死刑囚と歩む半生』（法蔵館、一九九一年）に詳しい。

第十一章　宗教の信頼性は自己批判できる透明性にある

言語帝国主義によせて

本章では、再び宗教のあり方について、しばしば批判の槍玉に挙げられる教団組織の〝陥穽〟について、社会倫理的なアプローチから迫ってみようと思う。個人で信仰するのは良いが、教団組織にまで所属して信仰するのはどうも抵抗があるという意見は、どの宗教教団内外でも聞かれるものである。そもそも宗教教団とはどんな存在で、何を目指そうとしているのだろうか。考えてみれば、どの宗教も世界中に自分の教えを広め、世界の人々に信仰してもらいたいという思いを持っている。我が教えで纏《まと》まっているのが我が教団であるが、いつかは世界が我が教えの下に一つになってほしいと願う。これは世界宗教を標榜するどの宗教も目指す目標であり、どの宗教も教団としてこの目標に向けて布教伝道に尽力する。ここで、少し思考実験的な考察を試みてみたい。

もし世界が一つの国によって統一されるとしたら、それは世界帝国の出現であろう。もし世界が一つの言語で統一されるとしたら、それは言語による帝国主義になろう。そのようなことは、今日の時代において誰も望んでいない。しかし、現在それにかなり近い現象が起こっている。

グローバリズムに名を借りて世界中を席巻しようとしているのが、実はアメリカニズムでもあることは今や多くの人々に気づかれている。その端的な現象は言語の領域に見られる。アメリカの大学では外国語は必修でないところが多い。考えてみれば、世界中の人間が今や小中学校の頃から自分たちの言語(英語)を勉強してくれているのであり、今さら諸外国の言語を学ばなければいけない必要性はどこにもないのである。

どの国に行っても英語で話してくれるし、こちらは母語だから当然相手より上手であり、こちらの流儀で交渉事もどんどん進めていくことができる。自分たちのように話せない、書けない人間には、ネイティブの英語を伝授してあげよう。そして、自分たちの作った土俵とルールこそ世界標準なのだから、世界中の人間はそれに従って相撲を取れ、という。これが英語による「言語帝国主義」と言われるものである。この不平等、不公平さに気がつかず、ネイティブの英語を身につけなければ国際人ではないと汲々としているのでは、精神的な植民地状態と言えるのではないか。

世界が我が教えの下に一つになると思うのも、これと似たような状況になる可能性が高いことを考えなければならないだろう。一つの宗教が世界の人々に信じられるようになる、つまりは一つの宗教教団が世界中の人々を束ねるようになるとしよう。そこに、自分たちの信じる宗教以外の宗教の信者や無宗教の人々がいたにしても、彼らは単に自分たちの宗教の「未信者」にすぎない。強制的な改宗は行わないにしても、いずれは全員この教えを信じなければ、人間として救済されることにはならない。それはちょうど、英語ができないのは「未開人」の証拠だから、しっかりと英語教育を施さなければ一人前の教育ある人間にはならないと思い込むのとよく似ている。

こうした意識においては、他宗教や無宗教の人々の存在の余地はない。それはまさに宗教による帝国主義の出現とはならないだろうか。

宗教原理主義を超えて

しかしながら、有りがたいことに、そのようなことは現実には全く不可能である。事実上の世界共通語の英語でさえ、我が国のふだんの生活においては全く使わなくとも何の不自由もないし、誰もその人を無教養の未開人とは思わない、否、思うわけがない。まして精神生活の核心に関わる宗教であれば、なおさらそうであるし、否、そうでなければならないだろう。

一つの国家による世界支配と同様に、一つの言語や一つの宗教によって人類全体をすべて束ねてしまおうという発想もまた、帝国主義的な危うさを持っている。それは、世界の多くの人々にとっては、母国が奪われ、母語が貶められ、自らの信仰信念が否定されることになるからである。それは、何よりも人間性の否定につながりかねない。そうではなく、世界がさまざまな国から成り立ちながら平和裡に共存し、世界がさまざまな言語で溢《あふ》れながら互いの言語を尊重し合い学び合うように、世界がさまざまな宗教の共存と繁栄の中に平和が保たれていくことこそ、望ましいと思うべきではないだろうか。ここで問われるのは、自分たちとは異なる他者のことをどこまで思いやれるかという、一種の想像力である。

しかし、それでは、宗教の布教伝道は一体どうなるのかという意見も出てこよう。私はここで、宗教を主体に置くのではなく、一人ひとりの生身の人間をこそ主体に置き直すことが肝腎であると主張したい。布教伝道するのは、宗教ではなく人間なのである。そして、宗教の存在意義も、一人ひとりの人間が幸せになり、そしてその幸せを次々と他の人々に結びつけていくところにあるはずだ（宗教 religion の原義は人々を「結びつける religo」である）。本当に教えによって自分が幸せであれば、おのずとその幸せは人々に伝わっていくものであり、それが本来の布教伝道の姿ではないだろうか。

宗教が絶対化されるところに、かえって信仰者自身の人間性を喪失させる大きな問題がある。本当の主人公は一人ひとりの信仰者なのに、宗教やまして宗教集団のほうが主体になってしまうところに、大きな陥穽がある。宗教の絶対化こそが宗教原理主義なのであり、信仰の敵なのである(1)。

通信網や交通網の飛躍的発達に伴い、世界中の人々の交流はますます盛んになっている。今や我々は、大きな「地球村」に住まいをしている。そこでは、否応なしに異なる宗教同士が（正確に言えば異なる宗教を信じる人間同士が）共存していかなければならない。宗教間対話も、そのような気運から生まれたものだ。同じ宗教の中だけで人々を結びつけるのではなく、外に向けても常に対話によって自らを開き、異なる宗教や無宗教の人々であっても、その開かれた心魂の次元から相互に人々を結びつけることが求められる。宗教が宗教を超越する契機がここにある。そこでこそ、一人ひとりの人間が宗教の主人公となりうるであろう。

カトリック——教会内の虐待問題と教会の自己批判精神

そのためには、宗教の内部に十分な自己批判の契機を持っていなければならない。二〇〇〇年の伝統を持つカトリック教会は、自らの歴史の反省を込めてそのような自己批判ができる宗教組織となっている。日本のカトリック中央協議会が二〇〇八年に刊行した書籍に『虐待・暴力と福音』がある。これは二〇〇六年に「虐待・暴力・性暴力に被害者の視点で向き合う」というテーマで開催されたカトリック全国社会福祉セミナーの講演録であるが、驚嘆すべきはカトリック教会内部での性的虐待の問題についても大きく取り上げられていることである。

アメリカでは以前から神父による少年への性的虐待が問題として取り沙汰されてきたが、二〇〇二年に信徒による監視会議が結成されて、全米百九十五教区の実態調査を開始した。二〇〇四年にその報告書が公にされたが、それによると一九五〇年から二〇〇二年までの五十三年間に四千三百九十二人の聖職者（聖職者の４％）が一万人を超える未成年者を虐待していたと訴えられていたのである。あまりの数の多さと内容の深刻さのために、カトリックの米国司教団は新聞に謝罪広告を出した。

日本の司教団でも二〇〇二年に一般信徒向けに「子どもへの性的虐待に関する司教メッセージ」を提出し、翌年には今度は司教のために「教会が子どもを守るために『聖職者による児童性虐待に対応』司教のためのガイドライン」が定められた。日本の場合、実態把握のためのアンケート調査がカトリック新聞を通じて行われたが、その結果百十件の回答があり、そのうち40％近くが性的虐待などの被害者であることが分かった。

この報告を行った小柳義夫は、教皇庁文化評議会の顧問でもあるが、「これだけの加害者・被害者が出てくると、単に個人的な罪とは言えず、教会の体質・構造そのものに問題があると考えざるを得ません」と述べ、司祭の独身性や教会の隠蔽体質などを問題として提起している(2)。

私が驚嘆したのは、信徒を救いに導くはずの聖職者が歪んだ性的嗜好を持っていたとか、信仰共同体を守るべき教会が虐待の実態を隠してきたということにあるのではない。もちろんそうした問題の根深さにも驚かされはしたが、何よりもここまで教会内部の汚点や恥部を明るみに出して、それを共に解決していこうと目指すカトリックの徹底した自己批判の姿勢である。そのような姿勢にこそ、感動に近いほどの嘆息が出たのである。

日本のカトリック教会では、米国司教団の調査に刺激されてという側面があったにせよ、この種の問題はとくに表沙汰になっていない。だから、そうした表明を行ったのは、外部からの圧力や糾弾によってではない。その自己批判と教内外への公表はどうして可能となったのだろうか。それは二つの要因があると、私は考える。

一つは、カトリック教会が社会正義を追求するというモットーを、自己に対しても貫いたという、一貫した姿勢である。社会のさまざまな場所で不正に立ち向かい、ときには国家権力の悪にも果敢に立ち向かう司祭たちもいる。当然、その姿勢は教会内部にも向けられなければならないのである。

そしてもう一つは、たとえこうした問題を自ら公にしても、社会における教会の威信は揺るがないという確信をカトリック教会が持っていたことである。カトリックは、それだけの自信に対応する実績を培ってきた。二〇〇〇年に及ぶその歴史の中には、自らが異端審問や異教徒迫害など、数々の蛮行を行ってきたことに対する反省や改革も含まれている。カトリック教会では信徒でなければ聖餐に与れないという、信仰共同体として自己完結した性格を持つ一方、こと社会的対応に対しては非常に開かれた姿勢を有している。これがカトリックの社会的信用を高めるのに貢献していることは確かである。

道徳的人間と非道徳社会

他の宗教教団では、なかなかこうは行かないだろう。自己批判はある程度は可能であるが、それを内外に表明するという勇気はなかなか持つことはできない。

どの宗教教団の機関誌（紙）にも各界の著名人のインタビューや教団来訪の記事がよく見かけられる

が、これは、自分たちの宗教はこれだけ社会の人々に支持されていますよ、というアピールにほかならない。また教団内の読者も、それを読むことによって安心感を得るという効果がある。

私はこれを悪いとは思わないが、教団内の問題もしっかり認識して、必要であれば時にそのことを内外に知らせることも大切だと考える。この世の中で生身の人間がやっていることには、完全とか完璧というものはありえない。当然、宗教教団といっても、人間の集団である。問題が起これば、その説明責任をきちんと果たして、欠点を含めて教団内外の人々に納得してもらったほうがかえって信用を得るのである。

それにしても、どうして宗教教団にとって自己批判の表明は困難なのだろうか。個人としては自らの良心に則って道徳的に振る舞い、自己批判やその延長としての教団批判は行えたとしても、「教団人」として発言するとなると、とたんに組織防衛的な発言に終始してしまう。個人としての「信仰者」としては立派な人であるが、教団や教会レベルとなると、とたんに集団利己主義の虜になってしまう。

個人として道徳的であっても、集団を形成したとたんに、どんな集団でもその自己利益のために非道徳的にならざるをえなくなるのである。個人の道徳性とその個人の属する集団の非道徳性とは矛盾しない。この状況を、R・ニーバーは『道徳的人間と非道徳社会』*Moral Man and Immoral Society*, 1932の中で詳論している。彼によれば、人間の道徳的生には二つの焦点があり、一つは内面的な個人における良心や理想主義であるが、もう一つは集団における力の使用をも伴う現実主義である。人間の集団は、純粋な利害超越の道徳性を不可能にならしめる体質を有しているものであり、個人のどんなに優れた宗教的理想によってもこれを克服することが困難なものであると彼は述べ、むしろ率直にこの道徳の二元論を承認したほうが現実的だと主張している。

カトリックがあえて困難な集団レベルでの自己批判の表明を行ったのは、長い歴史的伝統をくぐり抜けて人間の集団の持つ道徳的鈍感さに気がついたからである。そこに彼らの知恵があった。物事には両面性がある。聖職者の独身制度を採用しているところに、性的虐待問題の原因の一端があるとすれば、まさにその独身制度があるからこそ、血縁関係のしがらみに囚われることなく、宗教組織として自浄能力を発揮しやすい要因があると言ってよいかもしれない。昨今の宗教離れ・宗教忌避の主要な中身をなしているのは、教団離れ・教団忌避である。他教団にとって、カトリック教会におけるそうした率直なあり方は、その問題点をも含めて、自ら「他山の石」とすべきところが少なくないと思うのである。

スピリチュアリティの陥穽に対抗するために

個人にもエゴイズムがあるように、宗教教団にも教団エゴイズムが存在し、後者のほうが集団の数で圧力をかけるものとなる。教団エゴが暴走すると大事件に至りかねない。いわゆるカルト教団の問題である。

「こちらには信教の自由がありますから」

「他人を不幸にする自由はない！」

このやりとりは、一九八九年十月三十一日、未成年者の出家問題などをめぐる交渉が決裂した際、オウム真理教の上祐史浩と坂本堤弁護士が交わしたものだ。その四日後、坂本弁護士は妻子もろとも同教団幹部らにより拉致され殺害された。

それは、カルト教団が従来の社会常識や行政・法制度の枠組みでは通用しないものであることを見せつけた一場面であった。同じ「自由」という言葉を用いながら、オウム側と坂本弁護士との間には黒々とした深い溝が横たわっている。宗教ジャーナリストの藤田庄市は、このやり取りの中に、「自由と人権の集約であるはずの『信教の自由』が今や、精神の自由から生存の自由までを脅かす道具に転化させることが可能になった時代」を見ている(3)。

カルト教団は真の宗教ではない、自分たちと一緒にしてほしくはない、というのが多くの宗教教団の言い分であるが、社会の側はそうは見ない。カルト教団も自ら宗教であることを標榜しているからである。またカルトではない教団においても、熱心な信仰者のグループが時としてカルト的傾向を帯びることがある。

問題の根は深い。宗教は果たして人々を幸福にさせてくれるのか。熱心に宗教を信じている人は、確かに幸福そうに見える。しかし、その信仰的至福が自らの心や肉体をドグマと集団圧力でぎりぎりと縛り上げた上で得られたものだとしたら、その幸福とは何だろう。そこにあるのは自由なき幸福、心的な隷属状態としての幸福にすぎない。そのような幸福は絶対に本当の幸福ではない。

自由なき「幸福」は、他人を不幸に陥れるばかりか、実は自分自身をも人間的幸福から遠ざけてしまうものである。人間的幸福とは、自分以外の人々と調和ある交流を保つ中に得られる、文字通り「人＝間」の幸福である。どんなに宗教的信仰が熱心であっても、誰も人間的幸福を破壊することは許されるものではない。自由を侵す自由の権利などあってはならないのである。

宗教は、人々の最も深奥な心や霊魂の領域、すなわちスピリチュアルな領域に働きかけ、それを動かす。宗教的な教導には、スピリチュアルなカウンセリングの側面が存在する。カウンセリング効果をより強く出するためには、信者の側にも熱心な信仰が要求される。

ただし、熱心な信仰だけですべてが解決すると思うのは、信仰万能主義の錯覚である。要は、これが何に依拠し何と結びついているのか、ということだ。熱心な信仰が豊かな人間性や人々への共感と結びつけば、その信仰者は社会で尊敬される人物になるだろう。しかし、それが反倫理的なドグマや狂信的な指導者に依拠したものであれば、自己の人格破壊や家庭崩壊はじめ、さまざまな反社会的問題を引き起こしかねない。

スピリチュアリティの深淵も実はそこにある。スピリチュアル・アブューズ（心霊的な虐待行為）は、宗教が人々のスピリチュアリティに触れ、これを動かす際に生じる「陥穽」でもある。生身の人間が宗教的営みを行う以上、そうした陥穽がいつ生じないとも限らない。カルト教団はしかし、その陥穽を意図的に利用するのである。

カルト問題が後を絶たないのは、人々の意識のどこかに信仰的確信が人生や社会の諸問題を決定的に解決してくれるのではないか、という素朴な心情が潜んでいるからである。カルト教団は、そうした心情につけ入り、こうしたら必ず救われるといって過激な修行をさせたり、多額の献金を要求したり、社会の良識を逸脱した「救済観」を教え込んだりする。彼らは「信教の自由」という防護壁を楯にして、信者に対するスピリチュアル・アブユーズを繰り返しているのである。

振り込め詐欺は、人間への素朴な信頼心を逆手に取り、人の弱みにつけ込む悪質な犯罪行為であるが、これに対するのと同様な警戒心を宗教に対しても持たねばならないのは残念なことである。我々はしかし、スピリチュアル・アブユーズから自らを守るために、どうしても精神の自己武装が必要なのである。それは決して大げさなことをするわけではない。常に余裕ある態度で自らを振り返り、どこかに心の隙はないか、自由な精神を保っているか、人々との関係は良好か、周りの情報にも目配りは利かせているか等々と、自分の主体性の点検を行う。それだけで十分精神の自己武装になるのである。もし今現在コミットしている宗教的信仰のため、そうした余裕が取れない状況であれば、あえて勇気を出して一時その宗教的信仰から身を引き離してもよい。

カルトの反社会的かつ精神呪縛の言説や行為に断固反対して、藤田庄市は「世俗」の尊さを強調している。世俗の中にこそ本当の人間的幸福を見出すべきであって、それが宗教的な脅迫に対抗する砦になるというわけである。真の宗教であるなら、世俗の生活をむやみに見下したりはしない。その反対に、世俗に生きる信者を人間として最大限に尊重し、その宗教自ら社会とも積極的につながる開放的な志向性を有しているものなのである。

カルトにおけるスピリチュアル・アブューズ

北海道大学の櫻井義秀（宗教社会学）は、昨今のスピリチュアル・ブームの蔭にカルト問題が陰然として存在するのを見抜き、両者の間の危うい関係に着目している。スピリチュアリティは「修行」や「セミナー」の中で容易にアブューズの対象にされ、ときとして破壊的なカルトにもなりうるのである。カルトの問題により、宗教に対する信頼性が著しく失われてしまったのが今の日本社会である。そのため、社会的モラルを論じるべきところに宗教者が呼ばれず、政治家や評論家が道徳を大いに語り、スピリチュアリティ・カウンセリングや占いの類が、宗教に代わるものとしてメディアによって受け入れられることになった。櫻井はそこに、歴然たる日本の宗教文化の衰退があると断じている（『カルトとスピリチュアリティ』ミネルヴァ書房、二〇〇九年）。

それかあらぬか、宗教が担ってきた学校教育、医療事業や福祉ボランティア、平和運動や災害救援活動などをあらためて見直し、名誉挽回とばかりにその社会貢献活動を強調することが、宗教界・宗教学界で今注目を集めている。実は私もこうした問題関心で研究調査を行っているが、自己批判も含めてあえて意地の悪い言い方をすれば、「社会に役に立つ宗教」という形でただ単に世俗社会へとすり寄るようでは、宗教としての見識が問われるのではないか。それに、宗教の社会貢献を言うなら、まず社会的存在としての教団のあり方を自己点検し、そこでのスピリチュアル・アブューズを根絶するほうが先決であろう。

櫻井義秀は、関西大学講師の中西尋子とともに『統一教会――日本宣教の戦略と韓日祝福』(北海道大学出版会、二〇一〇年)も刊行している。反社会的カルトとして問題となっている統一教会[4]を、宗教社会学的に新たな切り口で徹底的に調べ上げた著作(総頁数六百五十頁)は、本書が初めてのものだ。これは勇気ある著作である。通常、教団研究をする場合、研究者は当該教団の協力を得て行うものだが、このような本の著者の場合、統一教会を社会問題と認識し、批判的な姿勢で取り組むため、協力を得られないどころか、抗議や非難を受けたり時には身の危険すら感じることもある。

天地正教(統一教会による霊石販売活動のダミー教団)の調査をしていた時期、同教関係者が著者の一人である櫻井の自宅の門塀に車でぶつかり、その一部を壊してしまう事故を起こした。加害者は故意ではないと主張したが、同氏の家族の心を大いに寒からしめた。ふつうの宗教団体の研究調査では、このような不可解な〝事件〟は起こらない。宗教の名の下、信者に対して強引な布教や法外な献金をさせることにより、人間性を著しく傷つける異常な事態が進行していることに、今さらながらに戦慄させられる。しかも、同様の問題はひとり統一教会だけでなく、他の宗教団体にも大なり小なり当てはまることにも気がつく。だからこそ、我が国の宗教関係者は皆、宗教の社会的評価を取り戻すためにも、統一教会の問題を反面教師とすべきなのである。

「集団結婚」に潜む民族的エゴイズムの問題

統一教会は韓国生まれのキリスト教系の異端的新宗教であるが、韓国と日本とで異なった布教伝道の戦略と論理を用いている。この教団は、韓国では多角経営的な経済活動や社会事業を行う「花形スター」として振る舞うのに対し、日本に対しては違法な布教・資金調達を行う「金のなる木」と見なす。我が国の青年信者は身も心も捧げる徹底した献身を求められ、中高年信者は家庭崩壊寸前まで至る徹底した献金が求められる。信仰のための人生のリスクや犠牲がきわめて大きく、しかも何の歯止めもかからない。これが社会問題として顕在化し、「青春を返せ」裁判や霊感商法訴訟のような刑事告発にまで発展している。信仰をしていれば、法外な献金や献身も信仰的行為として教団内で賞賛されるが、信仰を止めれば、あるいは信仰しない者から見るならば、それは全く詐欺的な行為である。これでは、そもそも社会的是認すら得られまい。しかしながら、韓国の新聞では、日本でのトラブルは全く報道されていない。単に宗教界だけではなく、日韓関係の健全な発展にとっても由々しき大事である。

とくに重大なのは、七千人にも上る日本人女性が「韓日祝福」と称し、農村男性の結婚難対策として韓国人男性と集団結婚させられている現実である。統一教会の教説によれば、日本は韓国を〝植民地支配〟したから、その所業は人類を堕落させたエバと同じである。だから、エバ国家日本の女性はアダム国家（韓国）の男性に嫁いで、夫やその家族に尽くして贖罪すべきであるという。一方、韓国独身男性たちに対しては、幸福な結婚ができるからと甘い言葉で勧誘する。そのため、〝にわか信者〟が韓国の農村部を中心に多数出現するに至った。

同書の中で、中西尋子が詳細な現地取材と聞き取りを通じて、そうした日本人女性信者の肉声を伝えているが、痛ましさと憤慨の念がつのり、冷静に読むことができないほどである。熱心な信者である本人に対し、相手の男性は結婚目的のにわか信者のため、信仰は希薄か全くない場合がほとんどである。その上、経済的困難や夫家族への一方的奉仕関係、また子どもの言語能力不足や情緒不安定といった問題も発生している。中西も、「統一教会の教説は日本人女性信者にとってはあまりに過酷なものではないだろうか」と、調査の結果を結んでいる。

教団組織と信者との関係は

統一教会に入信する若者は、概して育ちの良い素直な人間ばかりである。ただ、彼らが若者らしく心のどこかで社会に不満を持ちつつ、生きがいを求めているところが、まさにつけ込まれる隙となってしまう。統一教会は正体を隠してそうした者ばかりに接近する。そして、彼らを熱心な布教伝道者に育成させる巧妙なマニュアルも作られている。

どこの教団宗教でも、伝道活動やその意欲が信仰の一つのバロメータになっている。確かに伝道が信仰の強化にもつながるものであるが、統一教会の場合はそれが度外れており、伝道こそが信仰を形成するのである。しかしそうなってしまうと、信仰にとって最も肝心な内面的契機が脱落してしまう。つまり、主体的に自己を振り返ることで、信仰を通じた自己解放や人間的成熟のプロセスが無くなってしまうのである。そのため、教団の意のままに活動する信者たちの姿は、一般の人々には洗脳とかマインドコントロールのように見えるのである。

これは統一教会だけの問題ではない。信者が教団組織に忠実に尽し、不平不満を口にしないのを〝素直である〟と称賛する傾向がどの教団にもある。これは言葉のきわめて危うい使用法である。真に素直であるのは、何よりもまず自分自身に素直であるということでなければならない。親や目上の人に反抗することもなく、〝素直に〟育ってきた若者が、カルト教団に深入りすると、その〝素直さ〟が教団への忠誠心にそのまますり替えさせられてしまう。脱会が困難になるのは、自らの信仰信念がそうした精神構造の「閉鎖回路」の上でそのまま固められてしまっているからである。

しかし、真の宗教的信仰ならば、信じる者を自他ともに開かれた精神の「開放回路」へともたらしてくれるものだ。そこには内面性の自由や解放感がみなぎっている。これこそ、宗教が人間にもたらしてくれる最大の恩恵である。我々がどこを見て宗教を評価するかといえば、信者一人ひとりの生き生きした姿であり、信者相互の分けへだてのない関わりにおいてにほかならない。宗教の主人公は信者一人ひとりであり、その人間としての主体性の尊重こそが宗教教団が信者に保証すべき最大の権利なのである。良きにつけ悪しきにつけ、人間存在の深奥に関わることで、人々をスピリチュアルに揺り動かしうるのが宗教である。宗教的信仰とは、スピリチュアルな深淵に入り込み、そこで得た心霊的救済を持って、再びこの世俗の世界の中に人間として戻っていく営みなのである。宗教の社会的使命はこの意味で不変であり、宗教的人間のそうした生き方が社会で高く評価される時、我が国の宗教文化は再生を見るはずである。

（1）金子昭・富岡幸一郎『宗教原理主義を超えて』（白馬社、二〇〇二年）参照。この本の標題は、宗教の絶対化から生身の人間を解放するという狙いも込められている。

（2）『虐待・暴力と福音』（日本カトリック中央協議会、二〇〇八年）より小柳義夫「聖職者による性的虐待問題――教会が性的虐待に立ち向かうには」の章参照。

（3）藤田庄市『宗教事件の内側――精神を呪縛される人びと』（岩波書店、二〇〇八年）参照。

（4）統一教会（統一協会）は従来の正式名称を「世界基督教統一神霊協会」と称してきたが、二〇一五年に「世界平和統一家庭連合」と改称した。宗教を出さない名称にしているが、そのカルト的体質は変わっていない。

第十二章　「自信教人信」——信仰者と宗教者の間

宗教者という呼称

第十一章では、ともすればネガティブな反社会的機能を働く宗教教団についても言及したが、これはむしろ宗教が宗教として存在する以上つきまとう宿命でもあると考える。誤解を恐れずに言えば、宗教が宗教として存在する限り、宗教は信者と非信者を分ける〝壁〟ともなるのである。そうした時、もう一度、宗教的信仰に生きる人間のあり方を問い直してみたい。宗教者とはそもそも何者なのか？　本章のテーマはこれである。

信仰者という言葉に対して、宗教者という呼称はそう古いものではなく、比較的近年聞かれるようになったものだ。これはキリスト者という呼称をキリスト教だけでなく、宗教全般にも広げて使うようになったものではないかと、私は推測している。これに関連して、仏教者、天理教者という呼称も生まれてきたように思う。

では、宗教者と信仰者とはどう違うのだろうか。この呼び方の相違にはさまざまな側面が考えられる。まず、どちらも同じ人間を指していると見てよい。ただ、宗教者と呼ぶ時は、その客観的側面としての所属宗教に注目しているのに対し、信仰者と呼ぶ時は、今度はその主体的側面としての信仰の姿に注目していることになる。

宗教者と言った場合は、とくにその所属する教団の代表ないし要職にある者、または当該教団の教師を指していることが往々にしてある。宗教で生計を立てている職業的宗教者もいれば、本業は別に持っている非職業的宗教者もいる。前者の場合、ときに揶揄を込めて宗教家と言うことがあるが、宗教屋と言ってしまえば、これは完全な悪口になろう。残念ながら宗教者らしからぬ所業をまれに見聞したりする機会もある。生身の人間である宗教者に、人格円満な完成された人間像を当てはめていると、失望と幻滅を味わわせられることになる。

宗教者という呼称には、所属する宗教の立場や当該教団の看板を背負っているという性格がある。それゆえ宗教者は教団人と同義に使われることもある。そう呼ばれた本人もまた、教団のしかるべき立場やスポークスマンとして発言する傾向にあり、周囲の人々もそれを期待している節がある。しかし、教団の看板を意識しすぎてしまうと、きれいごとの公式見解しか言えなくなるきらいも出てこよう。

それに宗教者という立場で語ると、自分は宗教を持たない他の人々とは違うのだという、何か特権的な立場から物を言っている姿勢が見え隠れすることがある。これが宗教者の発言を上から目線として敬遠させてしまう要因になるのである。我々の側も、宗教のブランド名や教団内での肩書、さらに言えば外面的な功績や成功体験で、その宗教者を見てしまうとしたら、世俗的な物の見方とさして変わらない。私は、実を言うと、たとえ教会や寺院で役職についている人たちが宗教者と呼ばれる時でも、どこか引っかかるものを感じる。それは、この言い方のために、最も実存的な主体性が期待されるはずの人間の発言が、その肩書や立場で糊塗されたり、功積や成功体験の話にすり替えられてしまうことに、危惧を覚えるからである。

宗教者と非宗教者との相違をことさらに強調してしまうと、両者の間に最初から目に見えない境界線を引いてしまう。つまりそうすることで、逆に両者に通底する大切な何ものかを断ち切ってしまうのである。宗教間対話の集会などで、「宗教者と非宗教者の対話の必要性」という問題提起がなされるが、しかしうがった見方をすれば、宗教者という表現自体がそうした〝溝〟を作っているのではないかとも思えるのである。

宗教もまた人間の作った枠組み

宗教というのは人間の作った枠組みであり、世にある数多くの社会制度の一つとして機能しているものである。「宗教を信仰しています」という言い方がおかしく聞こえるのは、信仰の対象となるのは、本来、神や仏など絶対的で超越的な存在であるのに、人間の作ったそうした枠組みを信じているように聞こえるからである。「神仏を信仰しています」ならよく分かるが、「宗教を信仰しています」はピントがずれてしまっているのである。ただし、神仏のような超越的存在は、宗教という回路を経ることで、教理や儀礼、教団組織という明確なシステムを持つことができるわけだから、宗教者はそのシステムに対応した形で、本当の自分を見出し、安心立命の境地を得て、他者とのつながりの道筋をつけることになる。

ところが、そうした宗教の回路を経ることなく、それぞれの仕方で、本当の自分、安心立命の境地、また他者とのつながりの道筋をつける人々が現実に大勢いる。最近では、むしろ宗教という回路を経ない方が、より自分らしい仕方でそれらのものを得るという事例が目立つ。伝統宗教のみならず新宗教における教団離れの現象や、そうした既成宗教に代わるスピリチュアルなものの隆盛も、ここから説明できるだろう。精神世界とかニューエイジと呼ばれる、昨今のスピリチュアル・ブームには、確かにどこか軽佻浮薄なところがあったり、ときに危険なカルト的要素を帯びたものもある。しかし、そういうものを別にすれば、やはり絶対的で超越的な存在への志向性は、宗教の場合と同様、スピリチュアルなものにも見られるはずだ。

ただ、だからといって、私は、これからは宗教ではなくスピリチュアリティの時代だと言おうとしているわけではない。スピリチュアリティもまた、宗教と同じく人間による枠組みであり、超越的存在に至る回路の一つなのである。むしろ私は、どのような様式を取るにせよ、その主体的契機や人間的実存の姿に焦点を当てることのほうが大切だと考えるのである。私が求道者という呼称にこだわる理由もそこにある。

求道者という呼称は、所属宗教の看板や、ましてそこでの立場や役職とは関わらないのはもとより、スピリチュアリティという様式にすらこだわらない。ただ、純粋に絶対的で超越的な存在と関わる人間の実存的主体を表明することができる。そうすると誰もが何らかの仕方と度合いで求道者であることになるし、宗教と世俗という図式を踏み越え、もっと深いところで対話や協働も可能ではないだろうか。

何らかの形で心の拠りどころとそこに由来する使命感を持っている限り、どんな人間も求道者であると私は思う。特定宗教の所属とは関係なしに、この世は神の支配あるいは仏の加護の下にある、あるいは天地自然の理法に従っていると感じている。不正や悪がたとえは蔓延《はびこ》っても、最後には正義や善が勝利するはずだ。どんな苦境に陥っても、自分は大いなる存在に守られ導かれていると信じている。ただ、そこに悪の深淵を覗き込み、懐疑や絶望と紙一重になりながらも、最後の最後で希望を信じる。これが信仰心の発露であり、信仰の様態である。それなら誰もが何らかの形で持っているものではないだろうか。そのプロセスが求道の過程となるのである。

たとえ何らかの宗教に属する「宗教者」であっても、信仰の度合いや濃淡はさまざまである。信仰者だからといって、完全に信じていなくてもよい。たとえ半信半疑であっても、半疑ではなく半信のほうにアクセントを置けば、すでにもうその人は信仰者と言えるではないか。信仰者は、それゆえ宗教・非宗教の境を超えて存在しうる。宗教者を信仰者と言い換えることにより、宗教者はもはや宗教者として登場する必要もなくなる。人間が人間であろうとする限り、誰もが真実や真理を求める求道者なのである。ある人は特定の宗教に依拠した形で真実を求め、別なある人はそのような宗教的背景なしに真理を求めようとする。それぞれの仕方で求められる真実や真理が、真の意味での真実や真理である以上、これらは必ずや合致するに違いない。こう考えてみれば、対話の地平がぐっと広がり、またその次元もいっそう深まってくるのではないだろうか。

関係概念と実存概念――聴くことは従うこと

宗教者と信仰者、求道者についての考察をさらに進めてみたい。人間関係の中で規定された概念を関係概念と呼ぶことにすれば、〝宗教者〟は関係概念である。というのも、宗教者は信者や一般の人々との関係で成立する社会的存在だからである。彼らとの人間関係・社会関係の中で初めて、宗教者は宗教者たりうる。〝教祖〟もまた関係概念である。教祖とは、人々から信奉され、教団の始祖となって初めて教祖になりうるからである。そして〝信者〟も、自分を指導してもらう教祖や宗教者との関係において成立するという意味で、同じくまた関係概念である。

しかし、〝信仰者〟や〝求道者〟は関係概念ではない。信仰や求道にあっては、他者との関わりはとくに想定されていない。自らを信仰的に指導する者がいる場合もあるし、いない場合もある。どのようなあり方にせよ、宗教的真理を求め、そこに信仰的な自覚を有する者であれば、その人は信仰者、求道者でありうる。それゆえ、信仰者、求道者という概念は実存概念である。

宗教者という概念には、その宗教が人格全体を覆っているという印象がある。これに対して、信仰者の場合はまだそこまで到達しておらず、いまだ求道の最中にあるというイメージが伴う。宗教者と呼ばれる、あるいはそう自認する者には、自分がその宗教の看板にふさわしい言動が要請され、また自らもそのように振る舞うことになる。

多くの宗教者には弟子や信者たちがいる。それは彼らを引き付ける力（カリスマ）が宗教者に生じているからである。古今東西の卓越した宗教者は、確かによく語る。彼らが雄弁に語るのも、信者たちに心服してもらい、ついて来てもらう必要があるからである。寡黙な宗教的指導者はむしろ少数派ではなかろうか。一方に熱心に語る者がいれば、他方に熱心に聴き従う者がいる。

熱心に聴くことには、その人を引き込ませる作用がある。書いたテキストを読むには、主体的な努力がいる。テキストの内容が気に入らなければ、あるいは疲れたり眠くなったりすれば、それを閉じてしまえばよい。しかし、目はふさぐことができるが、耳はふさげない。聴従という言葉があるが、教えを説いて聴かせることは、ときに人々を文字通りに「聴き従わせてしまう」のである。話し手が自分より権威ある立場で、しかも有無を言わせない状況の下に語ってくれれば、その話は否応なく耳の中に入ってくる。聴かせることは一つの力の行使でもある。信者を閉じ込めてひたすら教えを説き続けていけば、洗脳やマインドコントロールのようになる危険性も出てこよう。

どんな宗教の教理書も、書斎で静かに目読する限りでは、宗教的情操を養う教養書にとどまるものである。教理それ自体だけでは、なかなか人を動かさない。教理がカリスマ的人格と結びついた時、教理は教理としての力を発揮する。トーマス・マンによれば、トルストイはいわゆる宗教者ではないが、ロシアの貴族や芸術家たちに老子の教えを説いて、深い感銘を与えたという(1)。彼らを恍惚とさせたのは老子の教えではない、老子を語るのが文豪トルストイだったからである。彼らにとっては、語り手がトルストイではなかったとすれば、老子の教えは貧弱な興味しか呼び起さなかったであろうから。

現代では、宗教者がどんなに雄弁に語っても、人々はただ暑苦しく思い、敬遠してしまうようなことのほうが多いのではないか。少なくとも何か教えを説けば、その場で弟子が出来てしまうような時代ではない。その意味では、確かに宗教の布教伝道が振るわない時代である。でも、宗教不振だからといって、必ずしも宗教不信の時代になったとは限らない。自分なりの流儀でスピリチュアルなものを求めている者は数多い。ただ、それを宗教者が自分の宗教組織の中に取り込むのが困難になっただけである。現代は、宗教に関しては内省的な時代に入ったと言える。一人ひとりが自分の仕方で信仰心を抱き、またその人なりに教理を人格の内奥で育んでいく。その成熟の歩みは千差万別であり、それで良しとすべきではないだろうか。

懐疑ある信仰こそ人間的信仰

信仰には懐疑が常につきまとう。いや懐疑がつきまとうからこそ、人間らしい信仰なのである。それで救われるのかと言えば、私は救われると答えたい。法然もまた「疑いながらも念仏すれば往生す」と語ったと伝えられるが、吉田兼好は「これもまた尊し」と述べている（『徒然草』第三十九段）。阿満利麿は『人はなぜ宗教を必要とするか』（ちくま新書、一九九九年）の中でこのことに言及し、「一人の人間が否定すれば、たちまち動揺するような救済原理では、すべての人を救うなど、思いも及ばない」と述べている。

そもそも、少々疑ったからといって、神仏が揺らいだりその存在が消えてなくなるようでは、その神仏はとても超越的存在者とは言えないだろう。信仰がどんなに動揺しても、真の神仏ならば決して揺れ動いてしまうことはないはずだ。逆に言えば、人間がどんなに自分の都合による願望を持とうとも、真の神仏ならば決してそれに動かされたりはしない。法然の言葉には、懐疑を持ちながらも救われているという確信があり、それを自由人の兼好が「これもまた尊し」と見事に受け止めている。

疑いがあってもよい。阿満によれば、それでも信ぜずにはやまないという意志が、宗教的世界成立の前提なのであって、この意志つまり「信心」こそ、宗教の核心を形成しているという。つまり、私の言い方に直せば、信仰者が疑いを持ちながらも信じることによって、初めて宗教が宗教として現出するのである。その意味で、実存概念としての信仰者は関係概念としての宗教者に「先行する」のである。

この点を押さえることが最も肝要である。自らは信仰者だという自覚を確保していれば、あとはそれに付随したものである。最初から宗教者のレッテルを貼ってしまうと、問題のすり替えが起こってしまいかねない。実際、宗教に関わる多くの人々（信者やその周囲の人々）がいかに宗教というものに苦しめられていることだろうか。けれども、その苦しみの大半は、宗教組織やその中の人間関係に自分が絡め取られているがゆえの苦悩なのである。ここで鍵になる概念こそ〝宗教者〟であり、まさに関係概念の最たるものである。信仰者としての実存を生き直すために、宗教者から距離を置くのが必要な時もある。

宗教とは、超越した存在（神仏など）に自己を定位して生きることである。人間をこの世界から解放し、自由にしてくれるのが、宗教なのである。真の信仰者は、自らを解放した自由な人間である。そうした自由な人間であればこそ、再びこの世界へと自由に関わることができるはずである。そこでこそ、本当の懐疑に向き合うことができ、この懐疑によってさらに自らの信仰を深めていくことが可能になるのである。

懐疑と信仰——創造の倫理の回復を求めて

そのような懐疑は人間にとって必要なものである。前にも紹介したが、「信仰とは99パーセントの疑いと1パーセントの希望だ」と述べたのはカトリック作家の遠藤周作である。彼は、信仰と文学の相克と葛藤をぎりぎりのところまで突き詰めていた。私は、『沈黙』に至るまでの前半期の文学が好きである。これらの作品の中で、西洋由来のキリスト教が徹底的に試されているからである。『沈黙』では神父に踏絵を踏ませているが、初期作品の『黄色い人』では神父に姦淫の罪を犯させてもいる。時代や背景が全く異なるが、これらの神父は白人ということで共通している。

遠藤はどうしてそこまで書かなければならなかったのか。彼は幼い頃、母親によってカトリックの幼児洗礼を受けさせられた。彼は、これをお仕着せの洋服にたとえている。これを脱ぎ捨てたいと思いつつ、どうしても彼は脱ぎ捨てられなかった。そこで、なんとか自分の身の丈にあった和服に仕立て直したいと思い、その葛藤と苦渋の中から後年、自らの文学世界を築き上げたのである。

『沈黙』の執筆と刊行は、ちょうどカトリックの第二バチカン公会議の時期（一九六二〜一九六五年）と重なる。我々が現在知っているカトリックは、他宗教に対してずいぶん物分かりのよい開けた印象が強いが、当時のカトリックは自らの教会内外に対してきわめて峻厳で、ときに高圧的なところも少なからずあった。だから、『沈黙』が一九六五年に刊行された時も、日本のカトリック教会の中ではしばらく「禁書」扱いになっていたのである。当時の教会指導者たちの狭量のほどが、今になってはおかしいほど分かるであろう。

真珠貝にとって、自分の中に入った異物を同化させようとして出来た結晶が真珠であるように、優れた宗教文学もまた作家の内なる苦悩や葛藤を昇華させたものである。優れた文学的創造はそのようにして生まれてくるものだ。そして、宗教的信仰が人間の営みであるように、文学の創作も人間の営みである。どちらにも人間として生きる筋道が共通してあり、それもまた倫理であるが、通常の意味での倫理ではもはやない。それは、ベルジャーエフの言うような「創造の倫理」である。(2) 創造の倫理に対立するのが「掟の倫理」である。掟の倫理は共同体を守る倫理である。この倫理にとっては、世界は閉じられ自己完結している。何よりも今ある秩序と安定が大事なのである。掟に基づく善悪の区別から救われることを目指した倫理が「救いの倫理」であり、この倫理により人間に恩寵と自由がもたらされる。そして、「創造の倫理」はさらに進んで、世界を開かせ、人間に豊かな形成力を与え、今以上に自由を求め、高次の世界へと飛躍させていこうとする。「創造の倫理」こそ、生命の根源的エネルギーと結びついた、真の自由の倫理である。

倫理とは人間が人間として、あるいは人間らしく生きる、または行動する筋道のことである。宗教は本来、そうした倫理を促進させるものなのに、なぜ逆の事態になってしまうかと言えば、倫理がいつのまにか共同体を守るだけの掟の倫理に変質してしまっているからである。フロムの表現を借りれば、倫理が権威主義的（他律的）倫理になってしまっているからだと言えるだろう。(3) これを今一度、人道的（自律的）倫理と鋳造し直していくことが求められる。優れた宗教文学は、宗教倫理の改造を目指しているのである。

『沈黙』がカトリック教会で「禁書」になったのは、教会による「掟の倫理」が文学作品の「創造の倫理」を押さえつけたからにほかならない。そのことは、教会組織が自らの文学的想像力の貧しさを自ら告白しているようなものである。けれども、宗教はどうして文学を恐れる必要があろう。宗教も文学と同じように、人間の自由を求める欲求に根差した創造の倫理に属するものであるとすれば、両者はときに相克し合い、ときに和解を果たしながらも、人間をより新しい世界、より深い境地へと誘うものではないだろうか。

人が求めているのは、心底から納得できる主体的な真理である。真理には常に逆説が含まれている。目に見える形で救いに与れなかったということに、実はより深い意味で救済がある。ただし、その救済はまさにそのような形を通じてでなければ得られない。そこに人間の真理の逆説があり、この逆説を自らの想像力を通じて乗り越えていく。宗教文学の役割もそこにあると言えよう。

信仰とは自らに自信を持って進む道

信仰はどこまでも超越的存在たる神仏に向けられたものである。本来ならば、まっすぐに神仏に向けられるべきところだ。それが宗教組織に所属してしまうと、神仏ならぬ人間からさまざまな〝指導〟や〝訓戒〟が入りがちである。そうしたものも必要最小限に止めておかないと、逆にそうしたものに振り回されて、いつのまにか信仰そのものをも見失ってしまう。

イソップ物語にロバを売りそびれた父子の話がある。

ある父子が町でロバを売ろうと、炎天下、ロバをつれて歩いていた。途中、川で洗濯していた女性から、「こんなに暑いのに、どうしてまた二人して歩くのかい」と笑われた。そこで、父親は息子をロバに乗せることにした。しばらくして、向こうからきた一人の老婆が、「この不孝者、どうしてお父さんを歩かせるの！」と叱りつけた。息子はびっくりしてロバから飛び降り、父親が代わりにその背にまたがった。

次に出会った一人の旅人は、「お父さんだけが乗って、どうして息子は乗せないのかね」と、あきれて罵った。それもそうだと、今度は親子二人してロバにまたがった。やがてある畑の横を通り過ぎると、農夫が心配顔で声をかけてきた。「二人して乗っちゃ、ロバがすっかり疲れるじゃないかね。そんなロバは売れっこないよ」。父子はなるほどと思い、天秤棒にロバの足を括ってぶら下げ、前と後ろでかついで行くことにした。

橋の上にさしかかった時、ロバが苦痛のあまり暴れ出した。あっという間もなくバランスをくずして、ロバは川の中に転落。そのまま溺れ死んでしまった。結局、父子は人の意見に振り回されたあげく、大事な売り物のロバを死なせてしまったのである。

他人の意見に耳を傾け、少し立ち止まって考え、参考にしてみるのは、確かに大切なことである。しかし、他人からの指示や命令に、そのつど唯々諾々と従ってしまうというのは、やはり自己評価や自尊心が低いということになりはしないか。この寓話が教える教訓とは、何事にせよ自分で決めた事は、傍からの意見に左右されず、信念を持って目指す目的に最適化した行動を貫くべきだということである。

一人ひとりの信仰者の人生行路を考えた時、この寓話の教訓がかなりの程度当てはまるのではないか。教団の指導的立場にある者から「あれをせよ、これをするな」と、常に指示や命令を受け、その通りに動いているばかりでは、いつまでも信仰者としての自立性や主体性を確立することができないだろう。また、信仰者の側も常にそのような指図を仰ぐようであっては、いつまでも指導者への依存性から抜けられず、他律的に振り回される信仰になる。これは指導者の側にも問題があろう。師弟関係を背景にした組織においては、この種の問題は数多く見られる（第十章2「偉大な専制君主シュヴァイツァー」を参照）。

もちろん一定の信仰的指導は必要なのは言うまでもない。しかし、信仰の主人公はどこまでもその信仰者自身なのである。信仰生活において、自分自身と超越存在である神仏との間に、別な人間が介在してくると、その分だけ人間的な要素が混入して、神仏との直接的なつながりが薄れてしまう。そうなってしまっては、人生の求道もぐらついて脇道に逸《そ》れ、宗教的真理を摑み損なう可能性もあることを忘れてはならない。

信仰とは「信心」、つまり自分の心を信じることである。すなわち、信仰とは自らに自信を持つことである。自分には神仏がついているからこそ、自己を信頼して自分の道を堂々と進むのだ。この気概ほど、今日の信仰に求められているものはない。

信仰者が自分の頭でものを考えるほどの人間であれば、さすがにイソップ寓話の中の父子のように、どんな指導や命令であっても、それに唯々諾々とは従うことはないであろう。従うにしても、自分なりに考えて判断するべきである。私は、そのぐらいの自尊心は当然持つべきだと思う。

でも、納得がいかず、おかしいと思いつつも従ってしまうという人たちがいる。その時、素直に従うのが正しいと自分に言い聞かせる。しかしそこにどうしても無理があると、心の中で葛藤が起こり、神経症に苦しむことにもなる。あるいは本人のいないところで、指導的立場にある者のことを悪く言う。どちらにしても、教団内の士気は下がるばかりである。本当にもったいないことだ。

教団活性化の道筋も見えてくる

実を言えば、外部の視点に立つと、教団内のそうした人間関係の姿がかえってありありと見えてしまうものである。信仰を持つのは大切なことだし、自ら道を求めたいとは思うけれども、特定の宗教（教団）に所属してまで信仰はしたくはない。こうして宗教教団の手前やその周囲で二の足を踏んでいる人々がいかに多いことか。

人々のこの思いを直視しないと、教団型宗教は布教伝道や人間育成は困難であると見てよい。その人生行路にことあるごとに口をはさみ、自分の言う通りにさせてしまうようでは、信仰者のエンパワーメントには決してつながらないし、それどころか見えない鎖でぎりぎりと拘束するものにしかならない。入ってくる信者を鳥モチのように捉え、そこに閉じ込めて逃がさないという「教団ホイホイ」のようなあり方では、最初から敬遠されてしまうだろう。

でも、ここまで考えるならば、どんな宗教教団でも活性化の道筋は見えている。それは、信仰者同士がお互いに同朋として、自由で風通しの良い人間関係に立ち、自他の人格を尊重することである。信仰には先達者もいれば後発組もいるし、指導的立場の者もいれば指導を必要とする者もいる。しかし、信仰者であると自覚した以上、自らの信仰には自らが確固たる姿勢を持つべきである。その意味で誰もが同じ宗教的真理をそれぞれに探求している求道者なのである。他者からのエンパワーメントにいつまでも依存しているようでは、まだ受け身の信仰である。信仰には自尊心と誇りが不可欠である。信仰とは自らに自信を持って進む道、すなわち信仰＝信心＝自信の道なのである。

宗教教団の時代は終わって、今はスピリチュアルな「個人教」の時代になったと、したり顔で言う宗教学者もいるが、私はそうは思わない。一人ひとりが自らエンパワーされ、生命と自由を得たならば、どんな組織や共同体も活性化せざるをえないはずだからである。単に寄せ集めた人数だけの力を出すのではなく、それ以上の力を引き出すのが優れた集団のあり方なのである。不完全な部分がいろいろとあるものの、人間一人ひとりの生きた主体的信仰をそれぞれの仕方で生かしていくことで、どんな宗教教団もさらに伸展する可能性を大いに発揮できるはずである。

「自信教人信」とは

信仰とは「信心」、つまり自分の心を信じることである。すなわち、自らに自信を持つことであり、信仰には自尊心と誇りが不可欠である。現代の多くの宗教教団がいずれも伸び悩んでいるのは、とくに代を重ねた信者たちにとって、信仰に自尊心や誇りが感じられなくなったからである。信仰はお仕着せの服のようになり、精神は弛緩して覇気を失い、生活慣習や年中行事に埋没しがちである。

これが数百年も続いてすっかり宿痾《しゅくあ》のようになってしまったのが伝統仏教教団だとすれば、ここ数十年あるいは十数年のこの急性疾患にどう対処してよいか分からず、おろおろしているのが新宗教教団である。それゆえ、新宗教は、良きにつけ悪しきにつけ伝統宗教の歴史に学ぶべきであろう。

国家の体制側に組み込まれ、また自ら内なる体制を築き上げている伝統教団であっても、その出発点は本来、革新的なものだった。私は、浄土真宗における宗祖・親鸞(一一七三~一二六二)と中興の祖・蓮如(一四一五~一四九九)とを手掛かりに考えてみたい。前者が真摯な求道的信仰者なのに対し、後者は偉大な職業的宗教家だとはよく言われるが、実際そうであるにせよ、もう少し詳しい説明が必要である。

浄土宗門に「自信教人信」という言葉がある。ここで言う「自信」は「自分が信仰する」ということであるが、私には「自己を信頼する」という意味の「自信」にだぶって見える。自分に真の自信があってこそ、信仰は他者にも伝わるものだ。してみると、「教人信」のほうも、「人にも教えて信じさせる」というよりは、自らの自信のほどが感化を与え、「人にも自信を持つように教える」というふうにも読めるのである。この「自信教人信」に文字通り体当たりした求道的信仰者が親鸞なのに対し、すでに敷かれた「自信教人信」の路線を職業的宗教人として自らの使命と受け取ったのが蓮如だった。

親鸞と蓮如――その生命力の発露

親鸞は九十歳、蓮如は八十五歳まで生き、両者とも当時としては驚異的な長命を保った。そこにはきわめて強い「生きんとする意志」があったことを物語る。この「生きんとする意志」は、彼岸的な浄土信仰とは異質なものであり、生すなわち性のエネルギーでもある。

親鸞は、自らが求める信仰に徹しえないという苦悩と葛藤を常に抱えていた。彼は、出家の道を志し修行を続ける中、生身の人間として性の煩悩に懊悩し、六角堂参籠の折の夢告を経て、僧籍にある者には本来許されない女犯＝妻帯をついに敢行する。煩悩熾盛なるがゆえに、それを突破せんとする生命力（エネルギー）もまた巨大なものだった。しかも後年になっても、「愛欲の大海に沈没し、名利の大山に迷惑して、定聚（浄土で仏になれる者）の数に入ることを喜ばず」（『教行信証』）と、親鸞の胸の中はたえず懺悔の念に慟哭している。

一方、真宗の教えが確立し、もはや肉食妻帯の禁止も存在せず、正しきに則れば何のやましいことはないと考えて実行したのが、同宗本願寺八世である蓮如である。彼にとっての焦眉の急は教団組織に揺るがぬ支えを与えることだ。心底信頼できる人間は、自分の血を分けた息子や娘たち以外にありえない。彼は結局、五夫人を迎え、二十七人の子女をもうけた（七十を過ぎてめとった最後の夫人は二十歳そこそこ、最後の子は八十五歳で没する死の前年に生まれた）。これまた大きな生＝性のエネルギーであるが、彼は自らの子女を主要な寺院に送り出し、本願寺教団の橋頭堡となしたのである。

親鸞は専修念仏停止の法難により、越後に流された後は、痛恨の自覚を込めて愚禿を姓とし、自らは僧にあらず俗にあらず（非僧非俗）を宣言するに至った。蓮如は同じ非僧非俗でありながら、生まれながらの宗教人として葛藤も緊張も感じることなく、偉大な家父長的組織者として振る舞った。彼は徹底した血統信仰に立ち、法脈は男系の血脈によってこそ受け継がれなければならないと信じた。同朋主義は寺と門徒との関係にのみあって、一門一家の安泰はどこまでも血縁の原理で行く。そこに、家父長である法主である者の揺るぎない決意がある。山折哲雄は、『人間蓮如』（春秋社、一九七〇年）の中で、こうしたやり方によって本願寺教団の盤石な基礎が築かれたと同時に、その動脈硬化と退嬰の原因ともなったと指摘している。自らも同じ真宗僧侶の子として生まれただけに、自己批判をも込めた山折の筆鋒は肺腑をつくものがある。

新たな非僧非俗への期待

親鸞の場合、非僧非俗とは彼が体当たりで問題提起して得た結論である。これに対して、蓮如の非僧非俗は報恩三昧の屈託のない境地である。これは親鸞の非僧非俗をいわば反転させ、非僧はより世俗的に、非俗はより宗教家的に振る舞うという意味において非僧非俗となったものである。

今、どの宗教教団も教勢低迷に悩んでいる。一九八〇年代以降、幸福の科学を最後に、信者数が万を超す教団は出現していない。教団に所属し、教団が拡大すれば自分も成長する（だから布教活動に熱が入る）。そのような時代は終わったかのようである。そんな中、教団関係者の間で蓮如に学ぶことが流行しているが、むしろ蓮如に対しては山折哲雄の批判をこそ差し向けるべきである。蓮如の教団組織モデルは主要幹部を身内で固めた組織のそれであって、これこそ教団を自閉的共同体にさせた元凶であり、主体的な個人信仰を窒息させてしまっている。

それゆえに、今日期待すべきは、蓮如のような偉大な組織人の出現ではもはやない。むしろ一人ひとりの信仰者が、親鸞を仰ぎつつ「自信教人信」を貫き、非僧非俗を蓮如型からさらに親鸞型へと反転させていくことではないか。宗教者は在野中の在野人である。吉田武彦はその著『親鸞』（清水書院、一九七〇年）の中で、親鸞を永遠の反骨者のように描いた。世に親鸞についての書物は多いが、宗門及び宗門教学に囚われない自由な発想でのもののほうがはるかに面白い。教祖だの宗祖だの祖師だのという呼び名は、偉大な存在を狭い集団の中に閉じ込めてしまい、また自ら自身をも同様に閉じ込めてしまうのである。

生きた人間の姿にこそ、人間は魅き込まれる。囚われるの「囚」という漢字は、囲いの中に人が閉じ込められている有様を現している。教団・宗門はまさに信仰者を組織の論理である宗門神学によって檻のように閉じ込めてしまう。しかし、教団宗教はとっくに終わるべき存在なのだ。吉田はそう主張する。宗教も人間精神の産物として「有限な寿命」を持つ。宗教はかつて、人類史の中で人間精神を覚醒させる役割を果たしたものの、やがて人間精神を抑圧する醜悪な役割に変じた。

宗教は誇ってよい。親鸞のような、偉大な魂を、自らの名のもとにうみだしたのだから。しかし、宗教は誇りつづけてはならない。「親鸞精神」の権威者のような顔。それは、偽善者の顔だ。逆に真宗教団への反抗者たちの中に、現代に生きている「若き親鸞の顔」を見いだすこととなるだろう。(4)

かくして宗教は滅び、親鸞は甦るのである。信仰者個人と教団組織を対立させれば、吉田のように先鋭化した主張になるだろう。この主張はキルケゴールや内村鑑三にも通底するラディカルな宗教思想である。ただその一方で、日本の浄土真宗には妙好人という篤信者の伝統がある。実は、妙好人こそが親鸞や蓮如を精神的に経由して到達した、一種の自由自在の境地に生きる人々なのである。

現代にも妙好人は少なからず存在している。その中のある人たちは社会の難渋に関わる妙好人である。僧籍を持っている者もいるが、決して職業的宗教者ではなく、困窮した人々に寄り添い、人知れず支援を行っている。また、妙好人は浄土真宗の専売特許でもない。あらゆる宗教には、神仏と直接つながることによって、現世社会（その中には自らの所属する教団組織も含まれる）から自らを内面的に解放し、そのような自由な立場でこの世の事柄に携わることが可能なのである。どのような教団においても例外ではない。こうした妙好人が多数輩出してくることこそ、真の意味での教団活性化につながると思うのである。

（1）　トーマス・マン『ゲーテとトルストイ』（山崎章甫・高橋重臣訳、岩波文庫）、九六頁参照。
（2）　ニコライ・ベルジャーエフ『人間の運命――逆説的倫理学の試み』（野口啓祐訳、白水社著作集、第三巻、一九六六年）の第二篇「善悪の此岸における倫理」における、「掟の倫理」「救いの倫理」「創造の倫理」の分類を参照。「掟の倫理」と「創造の倫理」は、ベルグソンの言う「閉じられた道徳」と「開かれた道徳」の区分にも重なるものがある。アンリ・ベルグソン『道徳と宗教の二源泉』（中村雄二郎訳、白水社全集、第六巻、一九六五年）、六九頁以下参照。
（3）　エーリッヒ・フロム『ユダヤ教の人間観――旧約聖書を読む』（飯坂良明訳、河出書房新社、一九八〇年）、七二～七五頁参照。フロムはこの書物で、ユダヤ教の倫理はしばしば律法主義、権威主義であると言われるが（主にキリスト教からの批判として）、むしろきわめてヒューマニスティックな宗教倫理であることを示そうとしている。

（4）　吉田武彦『親鸞』（清水書院、一九七〇年）、二四〇～二四一頁。

第十三章　宗教教団論——その再生は可能か

曲がり角にきた「葬式仏教」から

第十一章、第十二章の論述から、読者の中にはもしかしたら、宗教教団に対する批判的姿勢を感じられたかもしれない。しかし、熟読すれば、そのような単純な批判的考察を述べているわけではないことも、理解していただけるであろう。本章は最後の章として、宗教教団の再生について、私なりに考えている処方箋を述べることにする。

宗教教団は、同じ教えを信奉する人々が形成する教会や寺院など、個々の宗教組織から成る。現在、この個々の宗教組織の存立が厳しい局面に立たされているのである。その前に、まず個々の宗教組織はどの程度の軒数の信徒家庭で独立的に維持されうるのだろうか。伝統仏教の場合、地域やその寺の規模などにもよるが、余裕を持って一つの寺を維持・運営するためには、檀家は三百五十軒~五百軒は必要だという。それより少なくなると、住職は他に副業を持たなければ生活が困難になることがある。この数字は、大学教員でもある僧侶から私が直接聞いたものである。

新宗教の場合、単立の宗教施設でこれだけの数の信徒家庭があれば、そこはとても教勢が盛んで豊かな施設だということになる。そんなに信者がいれば、とても有りがたいだろう。新宗教ならば、その十分の一の三十五軒〜五十軒の信徒家庭で、なんとか副業なしにやっているのである。

どうしてそんな違いが出るのかといえば、信徒家庭が支出する一軒あたりの金額が伝統宗教（仏教）と新宗教とでは約十倍異なるからである。別の知人の若い僧侶の話であるが、彼がある檀家に月参りで行った時、お礼が五百円だったという。お布施と書いた封筒に硬貨が一枚入っていたわけである。お坊さんにお経を誦んでもらうのも、ワンコイン時代になったのかもしれない。

宗教に入信すると金がかかると警戒されるのは、とりわけ新宗教において言われることだ。その理由の一端は、一単立組織あたり伝統仏教の十分の一の信者家庭で運営する新宗教の台所事情に由来している。その一方で、信徒家庭と宗教施設との結びつきは伝統仏教の十倍とまではいかないまでも、きわめて固くて密である。ただ、それも多くの場合、教団側が熱心にその結びつきを維持しているので、双方の代替わりなどでたちまち関係が疎遠になる危うさが常にある。新宗教は、絶えず信者の維持・開拓に精を出さなければならないのである。

しかしながら実を言えば、このことは、伝統仏教においても、もはや対岸の火事ではない。確かに今までは、寺は法事や葬儀で檀家をがっちりと抱えている利点によって、比較的余裕を持っていた。たとえ檀家では宗旨すら知らなくても、寺側はさして意に介さなかった。ところが寺や僧侶を通さない葬儀のあり方が広まり、いわゆる葬式仏教が揺らいできている。大多数の寺院が葬儀や年回法要、墓地関連の事業で収入の大半を得ているのだが、ここに来て、それが危うくなってきたのである。葬式仏教の「余命」は地方であと数十年持つかどうかとも言われている。

近年、葬式仏教をテーマとした仏教関係者による研究会やシンポジウムが、あちこちで行われるようになっている。私もそれらに参加したり、またその記録を読んだりすると、僧侶たちの危機感がひしひしと伝わってくる。そこでは、生者を相手に積極的に社会貢献活動を行うべきだとか、いや葬式仏教にこそ仏教の公益性があるのだから、まず葬式仏教を究めていくべきだとか、さまざまな意見が提出されている。いずれにせよ、今のままでは、葬式仏教の衰退とともに仏教寺院そのものの存続が早晩大問題となるのは確実な情勢である。

仏教でさえそうだとすれば、新宗教の場合は、宗教施設あたりの信徒家庭が少なく、その分信徒家庭一軒あたりの負担が重いがゆえに、事態はいっそう厳しいものがある。しかも新宗教では、独自の冠婚葬祭などの儀礼が確立してなかったり、たとえそれを有していても定着していなかったりする上に、そもそも伝統的習俗として社会の中に根づいていないという不利な点を抱えている。

「信徒」から見れば

以上は教団側から見た宗教施設と信徒との関係であるが、今度は信徒の側から見てみよう。多くの信徒家庭にとっては、こうした関係の維持が明らかに負担になっている。伝統仏教の寺檀関係に典型的に現れているように、選択の余地なく、特定の宗教施設や寺に固定されていることは、ある意味でとても息苦しい関係である。これを「ロックイン効果」と呼ぶ。つまり、その関係は個々の主体的信仰の有無に関わりなく、文字通り鍵がかけられて（ロックされて）、その中で身動き取れなくなっている状態なのである。そこでは、檀家であることが「負の遺産」になっている。

家族葬や直葬などに代表される葬送の自由化の動きは、そうした「負の遺産」からの脱却の試みと言うこともできるかもしれない。今までは他にやりようがなかったため、葬式仏教に頼っているだけであったが、葬儀の選択肢がいろいろと出てくると、自分たちにあった方式を選択するようになってきたのである。

社会や人々の生き方が刻々と変化する中で、宗教家（宗教施設）と信徒（信徒家庭）との関係だけがいつまでもロックインされた状態のままでは立ち行かないことは明らかだ。私はすでに、「宗教者」と「信者」は相互に関係概念であることを指摘したが、「宗教家」と「信徒」という表現になると、その関係概念は生活面においても常態化された色合いを帯びてくる。というのも、宗教によって生計を立てているという観点から見た宗教者が宗教家であるとすれば、宗教家の生計を支える信者の側は、まさにそのことによってその宗教家の信徒となる。そして、それはまさに同じ理由により、ときに共依存的な惰性に流され、将来の展望の見えない淀んだ関係になりうるのである。

もし両者の関係を変革するものがあるとすれば、この関係を相対化させてくれる超越的存在（者）における信仰以外にない。信仰は本来、個人が単位だったはずである。しかし、世帯としての「家」を単位にした時、それは「家の信仰」になり、そして個人の信仰はその一部分になり、宗教もまた家の宗旨となってしまう。そこで再度、信仰の回復となると、個人信仰を確立しなくてはならない、ということとなるのである。

ただ、そういう事態になれば、宗教（宗教者・宗教施設を含む）は信者から選択される側に、信者は宗教を選択する側に廻ることにもなるだろう。関係はここで逆転する。葬式仏教をめぐる仏教界の論議も、結局は両者関係の変革や再確立に至らざるをえない。私は、この緊張に満ちた格闘とせめぎ合いにこそ、現在の我が国の宗教を覚醒させる示唆が秘められていると考えるものである。

無宗教は無所属のこと――一信者の視点に立てば

日本人が自分のことを無宗教だと述べる時、それは往々にして特定の教団には入っていない、つまり宗教的には無所属だということを指す場合が多い。宗教的なものは大切だと思うし、それなりに宗教を信じたいけれども、特定の宗教団体に所属するのは拘束されるようでいやだ、というわけである。その一方で、風通しの良い組織には人も集まりやすい。そこには帰属する人間の主体的な自由があるからだ。宗教教団も例外ではない。異なる宗教間を移動する信者もいれば、同じ宗教の中で所属単位を変更する信者もいる。そもそも、宗教には一つしか所属してはいけないという決まりは、その宗教がそう決めない限り、実は存在しない。どの宗教教団の例を取ってみても、その周辺部に行けば行くほど、掛け持ち信仰の人が多いのは驚くばかりである。そうでもない限り、我が国の宗教人口が実人口の二倍近くになるという統計数字は出てくるはずがないのである。末端の信者は、自分がその宗教のメンバーにカウントされているとは思っていない場合もあるし、ましてそこに教団への帰属意識があるわけでもない。

しかし、通常の宗教団体の場合はやはり一つの宗教信仰の下に人々を束ねるものであって、どの宗教でも掛け持ちで構わないというものではないだろう。そうした時、教団側のつごうではなく、帰属する際の拘束感を感じて敬遠しがちな一信者（あるいは信者候補者）の気持ちに立って考えてみてはどうだろう。ここで一つの提案をしてみたい。

近年、医療の世界では、インフォームドコンセントは当然のこととして行われるようになっている。これは「説明と同意」とも訳されるが、今では「納得診療」という名訳が使われることが多い。治療を受ける際、患者が納得のいくまで説明を受け、また患者自身が治療法を選択するのである。さらに、担当する医師の説明に納得が行かない場合、セカンドオピニオンといって、別の医師に自分の病状や治療方法について相談することができる。現在では、これを確立したシステムとして設ける病院が増えてきた。

インフォームドコンセントといいセカンドオピニオンといい、医療の主人公はあくまで患者本人にあるという視点に立った考え方で、かつてのような医師まかせの治療法から一八〇度転換した発想法に立つ。私はこれと同様なものを、入信（教団組織加入）においても明確なシステムとして採用してみることはできないか、と考えるのである。

これには、信者の側も本当の意味での主体的な契機が求められる。新興の宗教であればあるほど、誰かからの勧誘による事例が多くなる。すでにその時点で、信仰の出発点は受動的なものである。自分から求めて入信する場合でも、さまざまな人生の悩みや病苦の解決を求めてその宗教の門を叩くわけであるから、やはり受動的なところがある。こうした受動的な姿勢は必ずしも悪いとか間違いだかというのではない。自らを超えた超越者（神仏）に身を委ねようとする意味では、至当な宗教的姿勢なのである。

しかし、宗教教団はどこまでも人間の集団である。そこに入る場合、また入った後も、自分が心から納得して同意するという主体的な姿勢が不可欠である（すなわちこれがインフォームドコンセント）。また自分に対する信仰的指導者のあり方に疑問が出てきた場合、別の指導者に意見を聞いたり時には指導者を取り替える権利をも主張できるぐらいでなければならない（すなわちこれがセカンドオピニオン）。当然のことながら、教団組織の側も、「依らしむべし、知らしむべからず」といった権威主義的な対応は止めて、信者の意向にていねいに応答していくべきである。

信仰は教団組織の論理ではなく、あくまで信者一人ひとりの生き方を大切にするところから始まる。信者は、教団に入信したからといって、その教団組織の員数でも附属物でもない。信仰の主人公はあくまでその信者本人である。

宗教の入信にあたって、そこまで主体的な姿勢で臨んでいる人はどれだけいるだろうか。また、宗教教団のほうでも、そこまで信者一人ひとりの主体性を尊重しているだろうか。このことができていないために、大勢の人々が教団の前で立ち止まっているのが現実である。組織としての風通しを良くするためにも、上述のような発想への転換が今こそ焦眉の急なのである。

宗教の世俗的側面としての経営

宗教活動を通じて生計を立てる宗教者を宗教家と呼ぶ。そこでは、好むと好まざるとにかかわらず、宗教家稼業あるいは宗教組織経営という世俗的な側面が出てくる。宗教組織が他のさまざまな組織と異なるのは、中心に精神（霊）的指導力を持った宗教的人格が存在し、信者の内面生活に深く関わる宗教的諸活動を通じて、その経営がなされることである。

キリスト教（プロテスタント）の場合、各教会の礼拝や諸行事の運営などの宗教的活動は、個々の牧師の自由と裁量にまかされている。同じキリスト教でも、ミサの儀式が中心のカトリックとは異なり、礼拝では説教が中心なので、牧師の個性や魅力に大きく左右される側面がある。五百人以上の信徒を集めるのは、カリスマ型教会と言われる。逆にそうした牧師が引退したりすると、人々の足は教会から離れ、教勢は衰えてしまう。カリスマ的資質は個人に属するもので、これを後継させることは不可能だからである。

牧師の戒能信生によれば、たとえ教会がカリスマ型の指導者によって一時的に大きな勢力を持ったとしても、およそ三十年の周期で普通の教会になっているという。(1) ただ、単立が可能なカリスマ型教会でも、高い負担金を払って教団に所属している。それは、力のある牧師は自らのカリスマ的指導力でやっていけても、教師養成あるいは次の世代の指導者養成では不安を感じているからである。自分一代限りで終わらせず、組織として存続するために、教団に所属して存立基盤を安定させているわけである。

それは、個人商店がフランチャイズの系列店として生き残りを図る戦略と似ている。全国展開するフランチャイズチェーンであればあるほど、ブランド力や組織経営のノウハウを持っているし、より有能な人材もそこから供給することができるのである。

ところが、教団組織に包括されると、今度はその教団としての方針に反することができなくなってくるという難点が起こってくる。教団所属はいわば両刃の剣である。カリスマ的牧師がそのカリスマ的資質のゆえに、教団の正統な教理から逸脱した教えを説いたり、あまりに独自な活動を展開したりすると、教団側から〝指導〟が入る。それに従わない場合は〝異端〟と見なされ、所属を解消させられることにもされるのである。

なりかねない。フランチャイズ本店の権限や力が強ければ強いほど、系列店の店長の自由や裁量が制限される傾向はどうしても生じてくるのである。

活動は全体を恃《たの》まず単体で

宗教が社会で活動する単位は、今日ではもはや宗教教団のレベルではなく、単体としての個々の宗教施設であるという意見が、宗教学者や当の宗教関係者から提出されている。信者であるなしにかかわらず、宗教家が一人ひとりの人間と触れ合い、その心魂に関わるための場は、教団全体ではなく、お互いに顔の見える個々の宗教施設のほうがはるかに良い。伝統宗教も新宗教もそれぞれの仕方で教団組織を有している。我が国の伝統宗教、つまり仏教の各宗門教団では、本部（本山）として権限や力はそれほどでもないため、各寺院で住職が独自の裁量や主体性を持って活動を展開することができる。これに対して、新宗教の諸教団が被包括の宗教施設（教会、布教所）に対して有する縛りは強く、伝統仏教に較べると大変厳しいものがある。

単体としての宗教施設が対社会的な関わりの単位となるべきだというのは、これからの宗教の生き残りを考える上で重要なポイントでもある。新宗教の場合も、各宗教施設の主体的な活動を促進するために、教団本部の縛りをほどほどのところで緩めたほうが良いのではないか。そうでないと、フランチャイズチェーンでよく問題になるように、中央の本部ばかり栄えて地域の店舗が疲れ切ってしまうのと同様な状態になりかねない。

最近、多くの宗教関係者から異口同音に聞くのは、自教団の教勢衰退のみならず教団内の二極分化の傾向のことである。檀家が千軒近くもあって経済的に豊かな寺院や、社会活動が盛んで人々が集う寺院がある一方、わずかの檀家で維持されている小規模寺院や、人々が集まらず衰亡の危機に瀕した寺院が他方に数多くあり、寺院の二極分化が近年ますます進んでいるという。新宗教教団も同様であり、同じ教団内でも信者も多く盛んな教会があれば教会長と少数の高齢信者だけでかつがつに維持されている教会もあり、しかも後者の教会がますます増えてきているという。教団関係者は、そうした現状に心を痛め、自教団全体の底上げを図るべく取り組んでいる。

しかし、宗教施設を運営していくためには、自らに合った経営モデルを参考にするべき時代が来ている。小さな寺院や教会は、逆にその小さなところを生かした運営（経営）ができるはずだ。私は以前に〝会員制クラブ〟型の宗教を提唱したことがある。[2] これも一つの小規模宗教施設のあり方である。会員制のクラブでは何より雰囲気が大切であって、それを店主と顧客が協働して作り上げているように、小さな宗教施設においても宗教家と信者とのコラボレーションが求められる。その一方で、ふと扉を開けて入ってくる未知の人との新たな出会いも決してゼロではない。決して目立たないけれども、見えない絆によるネットワークを形成している。それは、人と人を結びつける縁の結節点なのである。人の縁が融通《ゆうずう》無碍《むげ》であるように、宗教施設の経営も融通無碍であっても良い。

人間の社会には栄枯盛衰があって当然である。冬の間は冬眠して、春になれば活動を再開する動物のように、しばらく看板を下ろす時期があっても、時が来れば新しい場所で新しい看板を掲げていけば良いではないか。とくに小規模な宗教施設の経営に求められるのは、社会の動きにしなやかに対応して行く姿勢である。

ここで、宗教らしい発想の転換を提案したい。宗教家は宗教組織の存続にこだわるのを思いきって止めて、むしろ今・ここで自ら為すべき活動にこそ徹してはどうだろうか。そのほうがより宗教家らしい生き方であるし、実はそこから活路も開かれてくると信じるからである。

伝統仏教の教勢実態調査

伝統仏教の各教団では、しばしばその付置研究所を通じて具体的な教勢の実態調査を行い、その分析結果や検討課題を研究所紀要などで教団内外に公開している。これらは信頼できる正確な調査であり、現役僧侶たちもこの報告に接し、危機感を教団と共有している（残念ながら新宗教は調査をしても、なかなか実態を教団内外に公表したがらない）。統計数値から現実を客観的に直視し、そこから何ができるのかを真摯に取り組む仏教教団の姿勢を、私は大いに評価したい。

全国の寺院はおよそ七万五千八百寺以上あり、うち一万五千寺は住職がいないという報告もあるが、葬祭業界では二万寺は無住寺だと見ている（村井幸三『お坊さんが隠すお寺の話』新潮新書、二〇一〇年）。

実際、状況はどうなのだろうか。曹洞宗の場合、二〇〇五年の宗勢調査報告によれば、調査対象寺院一万四千六百三十七寺中、24・6％に当たる三千五百九十七寺がいわゆる過疎地域にある(3)。そのうち、住職不在の寺院は過疎地域で26％、非過疎地域で20％である。実に過疎地域だと四分の一の寺、非過疎地域でも五分の一の寺が無住状態にあるわけである。

そうした住職不在寺院では、他の寺院の僧侶が兼務することになる。これは浄土宗の事例であるが、同宗でも過疎地域に兼務寺院が多い。驚くべきは、多いところでは兼務寺院を八か寺も持っていた寺があった（そのうちの五か寺を廃寺にした）。天台宗では全三千三百五十寺のうち六百八十八寺、つまり21％が兼務寺院であり、臨済宗妙心寺派に至っては全寺院の約30％が兼務寺院であるという。

収入のほうはどうだろうか。曹洞宗の場合、平均法人収入は過疎地域では三百九十七万円（全国平均五百六十四万円）で、葬儀関連に収入の大半を依存する寺院として非常に厳しい状況にあることが分かる。同宗では、全寺院の半数を占める檀家数百戸以下の小規模寺院が今後危うくなってくる。そのような寺では後継者の成り手もいない。同宗では過疎地域では37％、非過疎地域では35％の寺で「後継者がいない」と回答があった。ただ、後継者問題については、過疎・非過疎というよりも、むしろ曹洞宗全体に関わる問題として受け止めているようだ。

寺檀制度改革と住職の意識改革の必要性

いずれの調査報告からも明らかなのは、各伝統仏教教団の深刻な現状である。とくに過疎地域がそうである。人口そのものが減少し、家系が途絶え、家自体が廃家になり無縁化する。そうした状況にあって、寺院が今のところ持ちこたえていても、世代交替とともに劇的に影響が現れると予想されている。かといって、大都市の寺院が必ずしもうまく行っているわけでもない。なぜなら、大都市では檀家制度の存続意識は急速に弱体化しているからだ。この先、檀家制度が存続すると考えている僧侶は、全体の三分の一を下回っている有様である。檀家という世帯単位で信徒を囲い込むことができなくなれば、新宗教のように個人信仰に依拠せざるをえなくなり、これも先行きが不透明である。少なくとも、このまま手をこまねいていれば、さらに多くの寺がじり貧状態に陥る一方である。

心ある僧侶たちは、そうした閉塞状況を打開すべく、宗門レベルや各寺院単位でさまざまに動き始めている。その動きの一つに、寺檀制度への反省とその改革の試みがある。今まで、寺院は僧侶の私有物、檀家は寺院の付属品と考えてこなかっただろうか。教化活動は檀信徒に偏りがちではなかったか、収支報告などの説明責任はきちんと果たしてきただろうか。そして、これからは個人にも手厚く対応していくべきではないだろうか。家制度に支えられた檀家制度ではなく、新たに信徒を募集して会員制度のような形にすることも考えられる。また、開かれた寺になるためには、寺自体の世襲中心主義からの脱却が必要だ。後継者も身内でなく、他所から来てもらって、宗門を活性化させなければならない等々……。

とはいえ、伝統仏教には、新宗教にはない大きな強みが二つある。一つは、どんな寺院も地域社会にあって、初めからすでに存在してきたということだ。どんな集落にも必ず寺院はあるし、曲がりなりにも代々続いてきた実績を持つ。これが地域住民に大きな信頼感を培っており、いかなる活動もその信頼感の上で可能なのである。もう一つは、各宗門に所属していながらも、どんな寺院も単体として住職が自分の裁量で運営できるということだ。本山に多額のお供えや過重な奉仕をせずともよいし、また宗門から活動にあれこれと注文や干渉を受けることもない。住職の力量次第で自主独立に運営できるのである。

宗教施設は、何も大きく発展するばかりが能ではない。行列のできる寺院でなくともよい。法話が上手なタレント僧侶でなくてもよい。小さな貧しいお寺でも、人の話をよく聴いてくれる優しい和尚さんがいてくれたら、人々は安心してお寺に通えるだろう。限られた少ない人だけであっても、一つの家族のように集える地域の信仰的拠点が無数にあれば、宗教がどこでも人々の心を和ませ安定させる役割を果たせるのだし、それこそが宗教の公益性というものではないだろうか。日本の仏教は事実上の在家仏教であるが、内面はどこまでも出家の心を貫いてもらいたい。それでこそ僧侶である。何よりも僧侶の側に求められるのは、宗教者としての意識改革なのである。

葬祭儀礼の商品化――対価主義への反省

このように寺院が急速に減少の一途を辿っている現在、この現象は寺檀制度の解体と軌を一にしている。とくに過疎地域でその傾向は顕著であり、檀家家庭が代替わりする頃には劇的な影響が出てくると予想されている。主に葬祭収入によって維持されている大多数の寺院は、寺檀制度の崩壊はただちに存続の危機につながる。

寺院にとってもう一つ大きな危機は、葬祭儀礼が市場で商品化されていく昨今の動向である。大手スーパーのイオンが葬祭業界に参入し、ホームページで「お布施」の値段表を一時公表した時、仏教界は大きな危機感を抱いた。これは仏教儀礼が葬儀サービス業に完全に組み込まれ、一種の商品と見なされることを意味する。そこでは布施は、僧侶による読経一式代や戒名の名号別対価として位置づけられるのである。

慶應義塾大学の中島隆信(応用経済学)は、もし寺檀制度が完全に無くなり、寺が葬儀サービスの一部にすぎなくなってしまえば、寺院数は一挙に現在の一割未満の六千寺にまで激減するだろうと予測している(4)。寺檀制度のない沖縄県ではすでにそうなっており、寺の数も八千四百世帯に一寺の割合でしかない。今のところ、日本全体では六百世帯に一寺であるが、いずれ沖縄県のような状況にならないとも限らない。そうなるのもならないのも一般国民の判断次第であり、しかも都市部を中心としてもうすでにそのような傾向が現れてきている。「お布施が高い、戒名は要らない」といった声が最近とみに聞かれるようになったのも、檀家信徒の側に対価意識がすでに芽生えていることを示している。人々が皆イオンのような取り組みを歓迎するようになったら、大多数のお寺はもう終わりである。中島は、国民に必要なのはそもそもお寺でなく、仏教のほうであると述べ、そのような状況を招きつつある寺院側に警告を発している。

それにしても、僧侶による葬祭儀礼がサービス事業と読み替えられてしまえば、仏教が伝統的に培ってきた活動の枢要な部分は息の根を止められてしまう。これは仏教界にとって大きな危機であるばかりではない。宗教者のあらゆる活動にも影響が出てくるものとなろう。この危機を乗り切るためには相応の説得力ある理念を提出し、これに基づいて行動しなくてはならない。

日本の仏教は事実上の在家仏教である。僧侶もまた肉食妻帯し、寺院を相続して、檀家家庭の墓を代々預かり、葬祭や法要で生計を立てている。それは外面的に見れば、酒屋や電器店や不動産業などの自営業者と同じように、職業としての「仏教家業」を営んでいる姿にほかならない。現状がそうである以上、それはそれで認めなければならない。しかし内面的にもこの意識のままでは、布施も僧侶の仕事の対価と判断されてしまうだろう。信者の差し出す金を自分に与えられた給料のように見なしてしまえば、その瞬間から仏教(宗教)の堕落が始まるのである。

仏教界が布施の値段表に反対するのであれば、何よりまず自らがそうした対価主義的な発想を払拭すべく、人々に対しても自らに対しても意識変革に努めるべきである。これは葬祭などの儀礼の執行だけに限らず、仏教者（宗教者）本来の職務である心魂の救済に関わる事柄にも言える。一般のカウンセリングにおいてカウンセラーが料金を受け取るのと同じように、宗教者も悩みの相談に対して同様のことを行って報酬を受け取るならば、やはりそれは宗教カウンセリングの対価という意味を持つであろう。しかし両者は似て非なるものである。臨床心理士の東山紘之は、僧侶の加藤廣隆との共著『カウンセリングと宗教』の中で、次のような重要な指摘を行っている。

「宗教家と信者の関係は、宗教家と信者の契約ではなくて、神仏と信者の契約です。宗教家が行うカウンセリング料金は、料金ではなくて布施です。布施はカウンセラーに対しての感謝や対価ではなくて、神仏に対しての感謝の気持ちを、施しによって表す行為です(5)」。

東山は、共著者の加藤廣隆が行っている布施の仕方を紹介している。加藤は京都の釘抜地蔵（石像寺）住職であるが、寺内にカウンセリング室を設けて独自に仏教カウンセリングを行っている。料金はとくに設定されておらず、クライアントの感謝の気持ちは布施として地蔵尊の前に置かれる。その際、布施が捧げられるのは祈願する前である。これが大切なのだと言う。それは、信者が神仏に自らの祈りや願いを謙虚な気持ちで行う姿勢を表すものにほかならないからである。信者が全身全霊を捧げて祈願するのであれば、相応のお金を供えることにもなろう。それは信者の側の主体的判断による「喜捨」であるべきである。もしこれが祈願の後であれば、対価になりかねない。

布施は何よりも神仏に捧げられ、それを神仏に奉仕する者への謝礼として、宗教者は感謝の心で受け取る。そこが、布施が報酬的な性格のお金であるように見えても、酒の代金や電器の修理費や土地建物の仲介料と根本的に異なるところである。これらの料金は、あくまでも取引に基づく対価の支払いである。もしそのような発想を布施に適用してしまえば、神仏にお祈りしても現実がうまくいかない場合、対価に見合う利益が得られないということになり、したがって布施する必要もなくなってしまう。しかし、これでは神仏との契約にしかならない。

今、人々が布施の額をどう決めていいか分からないということ自体、神仏との関わりへの仲立ちをしてくれる宗教者との関わりがすでに希薄になってしまっていることの現れである。そのことで宗教者の側が信者を責めるとしたら、筋違いというものであろう。むしろ、時代の急速な変化に無自覚で、信者への適切な関わりを怠り、旧態依然の発想で事足れりとしてきた宗教者側の責任である。宗教者は、まず自ら襟を正し、真の意味での神仏への勤め《サービス》を全うし、信者に奉仕《サービス》しているか、しっかりと問い直した上で、信者と神仏との間の仲立ちという職務に徹していくべきではないだろうか。

(1) 弓山達也責任編集『現代における宗教者の育成』(大正大学出版会、二〇〇六年)九六頁における戒能信生の発言参照。
(2) 金子昭『天理経営論総説』(天理大学おやさと研究所、二〇一〇年)、一八一頁以下参照。
(3) データは曹洞宗総合研究センター『学術大会紀要』第十一号(二〇一〇年)、及び浄土宗総合研究所『教化研究』第二十一号（二〇一〇年）所載の論文による。

（4）『AERA』二〇一〇年十月十一日号「特集・『お寺』はもういらない」参照。

（5）東山紘之・加藤廣隆『カウンセリングと宗教』（創元社、二〇〇七年）、二〇一頁。

おわりに——三人の神学者の生きざまから

ナチス政権下のドイツ第三帝国の時代の話である。ドイツの大学は今もそうだが、すべて国立大学(厳密に言えば州立大学)なので、大学教員は皆公務員である。したがって、彼らも国家に忠実たりうることを要求された。ナチスはそこに目をつけ、大学での講義の前に「ハイル、ヒトラー」と敬礼することを義務づけた。キリスト教の諸教会も「帝国教会」に一本化させられた。多くのキリスト者もまた、これに右にならえして、国家主義的なドイツ・キリスト者運動を起こした。

この時代、三人のプロテスタント神学者がいた(1)。彼らは大学の講義だけでなく、牧師としても教会で説教を行っていた。

神学者Aは、こうした国家主義的情勢に徹底的に抵抗し、ヒトラーへの宣誓を拒否した。彼は大学を退職させられたが、隣国スイスの大学からの招聘を受け、ただちにドイツを去った。

神学者Bは、Aの宣誓拒否が状況を見極めず、行き過ぎたものとして批判し、自らはドイツにとどまった。ただ、講義前のBによる「ハイル、ヒトラー」の宣誓は、まったく心のこもらない形式的なものだった。

神学者Cは、当時まだ若かった。彼が友人たちとカフェで談笑していた時、スピーカーからフランス降伏のニュースが流れた。人々は有頂天になり、踊り出す者もいた。彼もまた立ち上がり、腕を上げてヒトラー式敬礼を行った。当惑した友人に、彼は小声で言った、「君もちゃんと手を挙げたまえ」。

こういう書き方をした時、読者はこの三人に対してどういう印象を持たれるだろうか。一番勇敢な態度を貫いたのがAだとすると、Bはいかにも臆病で小市民的であり、Cに至ってはなんとも情けない卑怯者のように見えてしまったのではないだろうか。

実は、わざと私は一面的な書き方をしたのである。三人の神学者の姿をより正しく描くならば、決してそうはならない。

神学者Aには研究のライフワークがあり、彼にはそれを書くという使命があった。この著作は彼が亡くなるまで執筆が続けられ、神学史上最も長大な研究論文となった。落ち着いてこれを書くためには、やはり永世中立国という安全地帯にいることが大切だったのである。それに、スイスは彼の生まれ故郷だった。

神学者Bが選んだのは、あえて暴君が支配するドイツにとどまり、苦難の時代を同朋とともに過ごすことであった。そのためには面従腹背もやむをえない。「ハイル、ヒトラー」を唱えながらも、彼は迫害におののくユダヤ人の学者たちに親身になって救いの手を差し伸べていたのである。

神学者Cは心中、断固たる決断をしていた。彼は、暴君そのものをドイツから排除する秘密計画、つまりヒトラー暗殺計画を企てていたのである。カフェで率先して行ったヒトラー式敬礼は、実はそのためのカモフラージュだったのだ。彼は計画遂行のため、偽ってドイツ国防軍情報部にまで入り込むことまでしたが、計画が発覚してゲシュタポに逮捕され、獄中で処刑された。

これら三人の神学者の名前を明かせば、Aはカール・バルトKarl Barth（1886–1968）、Bはルドルフ・ブルトマンRudolf Bultmann（1884–1976）、Cはディートリヒ・ボンヘッファーDietrich Bonhoeffer（1906–1945）である。

私は先ほど、より正しく描くと述べたが、これですべてを汲み尽くせたわけではもちろんない。いや、かえってアイロニカルな書き方になってしまったかもしれない。彼らにとって不公平にならず、本当に正しく彼らのことを理解するためには、それぞれに優れた詳細な伝記が出ているので、そちらのほうを参照していただきたいと思う。ただ一つだけ言えることは、ナチス支配の過酷な状況の中、彼らはそれぞれの仕方で最善だと信じる抵抗（プロテスト）を選択したということである。国民から思想の自由や人間性を奪い、ひいては人間生命をも踏みにじるナチス政権の下、自らの信念に基づいて行動するためには、もはや「あれか、これか」の選択しかなかったのである。当局に迎合しながら生き延びることばかりを考える「あれも、これも」の生き方をしていただけなら、信念をいつしか見失い、ロバを売りそびれたあのイソップ物語の父子のように、神学者として何の影響力も残すことはできなかったであろう。

いずれにしても、民主主義的で平和な時代に生きる我々は、第三者的立場から安易な判定を下してはならない。もし判定するのであれば、自分が彼らのような立場に置かれていたらどう行動しただろうか、と考えるべきである。もしかしたら国家主義に率先して同調していたかもしれないし、時代の風潮に流されて付和雷同してしまった可能性だってあるだろう。また、自分の保身のために、あるいは自分や家族の命そのものを守るために、良心に麻酔をかけて、ヒトラー式敬礼を唱えていたかもしれない……。

そのような可能性のことまで考えた上で、私がこの三人の神学者の中で心ひそかに共感を覚えるのは、ブルトマンの生き方である。政治的・社会的に身動きとれない厳しい時代状況の中、彼は面従腹背を生きながら、神学研究に打ち込んだ。聖書の実存論的解釈に基づく彼の有名な「非神話化」の理論も、ヒトラー支配下の時期に提唱されたのであった。ナチス時代のような過酷な環境ではないにしても、どのような時代状況の中であれ、自己の良心と外部の状況との間の葛藤や対立はつきまとう。そんな時、下手な手出しをしない代わりに、あえてその場に踏みとどまって自己のベストを尽くすブルトマンのような姿勢にこそ、一見目立たないが、神学者としての堅実な良心の発露を見出すことができるのではないだろうか。

自分の良心に従うことは、単に自分に素直になるというだけの個人的な事柄ではない。もっと社会的な広がりを持ち、そのことによって人々とつながることを意味する。なぜならそれは、人々のために自分が最善と思い、判断するところのものを行うことだからである。そのためには、多かれ少なかれ自分以外のもの、すなわち時代や社会の動向、また組織の方針、さらに世の中の権威や権力などと衝突することから免れえない。そうした衝突や対立が社会的生命、ときには肉体的生命を賭した事態にまで至るかもしれない。討ち死に覚悟で、徹底した打開策に打って出るのも一つのやり方かもしれない。あるいは不自由な環境（組織や国家）から脱して、自由で安全なところから発言を行うことも選択肢の一つだろう。

けれども、自分のために、また同朋のために、苦しくともあえて今のこの現場にとどまり続け、ときには沈黙を守り、ときには面従腹背をしつつであっても、可能な限り最善のことを行っていくことは、人間としての大切な役割ではないだろうか。誰もがそれぞれに不自由で不本意な環境の中で生きている。自分もまた、同時代人としてその不自由さ・不本意さを受け止め、人々と共に生きる中から自分の信じる道を進んでいくことは、学者としての良心が要求される一つの試金石なのである。本書を著した私の思いもそこにある。（了）

（1）この文章は、笠井恵二『二十世紀神学の形成者たち』（新教出版社、一九九三年）で紹介されているエピソードに示唆を受けた。

■著者略歴

金子　昭（かねこ　あきら）

1961年　奈良県天理市に生まれる

1989年　慶応義塾大学大学院文学研究科博士課程修了　博士（哲学）

現　在　天理大学附属おやさと研究所教授

主要著作

『シュヴァイツァー　その倫理的神秘主義の構造と展開』（白馬社，1995年），『天理人間学総説』（白馬社，1999年），『駆けつける信仰者たち』（天理教道友社，2002年），『〈思考〉の作法』（共著：萌書房，2004年），『驚異の仏教ボランティア』（白馬社，2005年），『シュヴァイツァー　その著作活動の研究』（白馬社，2018年）など。

現代における宗教批判の克服学
——人間と宗教についての思想的探究——

2018年12月10日　初版第1刷発行

著　者　金　子　昭

発行者　白　石　徳　浩

発行所　有限会社　萌　書　房《きざす》

〒630-1242　奈良市大柳生町3619-1

TEL（0742）93-2234 / FAX 93-2235

［URL］http://www3.kcn.ne.jp/~kizasu-s

振替　00940-7-53629

印刷・製本　共同印刷工業・藤沢製本

ISBN978-4-86065-127-5